AF634428

Andreas Widmann

natürlich schwäbisch

Andreas
Widmann

mit Antonia Wien
Fotos Vivi D'Angelo

natürlich schwäbisch

klassische und
neue Rezepte aus
meiner Heimat

südwest

Inhalt

NATÜRLICH SCHWÄBISCH

Andreas Widmann

VORWORT

Liebe Leserin, lieber Leser,

ein herzliches Willkommen auf der Schwäbischen Alb. Ein herzliches Willkommen im Land der Bruddler, der Kehrwoche und der Häuslebauer.

Die Schwäbische Alb hat viel mehr zu bieten als Linsen & Spätzle, auch wenn das ein ganz besonderes Gericht ist. Meine Heimat ist eine Region voller leidenschaftlicher Erzeuger und Handwerker – feinsinnigen Kreativen und ehrlichen Gemeinschaften – und eine Region voll natürlichen Genusses.

Mein Name ist Andreas Widmann – ich bin Koch. Aber genau wie meine Heimat bin auch ich mehr, als man auf den ersten Blick vermutet. Ich bin ein Kind der Alb, Papa, Bruder, Ehemann, bester Kumpel und Teamchef. Und ich bin Alb.styler.

Aufgewachsen in einer besonderen Mischung aus Dorfidylle und Wirtshausfamilie und mit dem Drang nach Neuem, wurde mein Handeln in unserem Alb.leben stark geprägt. Mein Küchenstil ist Ausdruck meiner Erinnerungen an die Geschmäcker meiner Kindheit und an die besonderen Momente im Lauf der Jahreszeiten auf dem Land. Ich trage all die Bilder und Erfahrungen in mir und ich verbinde sie immer wieder mit Aromen, die sie am besten beschreiben können. Diese Fähigkeit, Erinnerungen über den Geschmack zu vermitteln, ist eine ganz wesentliche Essenz meiner Arbeit in der Küche.

All das, umgesetzt mit den Einflüssen von erlernten Techniken, Präzision und Handwerk meiner Wanderjahre und dem Wunsch, gemeinsam mit meiner Familie und meinem Team etwas Einzigartiges zu schaffen, ergibt unser Alb.leben.

Meine Heimat ist nicht nur ein Ort, sie ist eine Vision, meine Kraftquelle und unser täglicher Antrieb. Sie ist mein Zuhause und mein Halt. Auf der Alb kann ich all das sein, was ich mir wünsche, umgeben von den Menschen, die mir wichtig sind. Es sind die Begegnungen, der Zusammenhalt, die Bewohner der Region, ihre Leidenschaft, die wir teilen und die unsere und meine tägliche Arbeit in der Küche beeinflussen.

Diese Arbeit als Team, aber auch die vielen weiteren Facetten vom Leben auf der Alb, möchte ich Ihnen mit meinem Buch näherbringen: besondere Menschen, die mich begleiten, Erinnerungen und Ideen, aber allem voran der Geschmack und die Gerichte unserer Küche mit ihren heimatverbundenen Aromen. Schwäbisch verwurzelt, natürlich gedacht und gekocht eben »Natürlich schwäbisch« im doppelten Wortsinn.

Ich wünsche Ihnen viel Freude auf ihrer kulinarischen Entdeckungstour durch meine Küche, unseren Alltag und diese wunderbare Region,

Ihr Andreas Widmann

Meine Heimat

DIE SCHWÄBISCHE OSTALB

Jeder kennt die Schwäbische Alb, mit der sich viele Bilder und Vorstellungen verbinden. Die Schwäbische Ostalb dagegen war bisher immer irgendwie das Stiefkind, das vernachlässigt wurde. Dabei ist sie eben so viel mehr, und das zu zeigen, war und ist die Idee dieses Buches. Es widmet sich meiner Heimat mit ganzem Genuss, zeigt alle Facetten dieser wunderschönen Region mit ihren besonderen Menschen und hebt mein Zuhause auf die kulinarische Landkarte. Dies ist mein Wunsch, der mich von Anfang an stark angetrieben hat und es jeden Tag tut.

Die Schwäbische Ostalb erstreckt sich von den Toren Stuttgarts bis zu uns nach Zang, meinem Heimatdorf mit knapp 1700 Einwohnern. Ich liebe diesen kleinen Ort auf der weiten Waldlichtung und wir Zanger sind sehr stolz auf unser Dorf. Nach wie vor habe ich Freunde aus meinem Jahrgang, die in der Umgebung leben und mit denen ich diese Heimatverbundenheit teile.

Ich gebe zu, wir »Ostälbler« zeichnen uns durch eine gewisse Rauheit aus, die aber nur vordergründig besteht, denn wir sind positive und heitere Menschen.

Nach meiner Zeit in München und vor allem auch im Ausland, ist es mir noch einmal sehr bewusst geworden, dass es hier sehr ehrlich und ohne Umschweife zugeht. Für diese Knorrigkeit gibt es ein typisches Sprichwort: »Nicht geschimpft ist gelobt genug.« Aber dafür geben wir alles, wenn wir von etwas überzeugt sind. Und was ich ganz besonders schätze, ist diese Verlässlichkeit. Ein Wort ist noch ein Wort und wenn man etwas braucht, bekommt man einfach eine ehrliche Antwort und Hilfe. Dies gilt ganz besonders für das Handwerk, das hier eine wichtige Rolle spielt und Zang sehr prägt.

Hier ist nicht Schein Sein, es gibt keine oberflächliche Täuschung, keinen Glamour – dafür aber eine sehr eigene Schönheit, die sich für viele Menschen ganz überraschend erschließt, wenn sie uns besuchen und die Gegend erkunden. Ich freue mich jedes Mal, wenn mir unsere Gäste genau das zurückspielen und mir ganz angetan von ihren Ausflügen berichten.

Das touristischen Potenzial ist viel größer als viele vermuten Das Radwegenetz ist weitläufig, die Wanderwege verlaufen verwunschen zwischen Wäldern und sanften Hügeln. Dabei kann man das von der UNESCO aufgenommene Weltkulturerbe Limes erkunden. Das über 500 km lange Bodendenkmal markiert

die antike Grenze zwischen dem Römischen Reich und dem der germanischen Stammesverbände. Allein 60 Kilometer verlaufen durch die Ostalbregion. Auch die Vogelherdhöhle wurde durch die UNESCO in die Liste der Weltkulturerbestätten aufgenommen und ist ein spannender Touristenmagnet. Ich mag es, wenn unsere Gäste die Ostalb als Hidden Champion bezeichnen. Es gibt keinen Overtourismus wie in anderen Regionen. Man kann viele Freiheiten und totale Ruhe genießen, ohne sich in langen Schlangen die Füße platt zu stehen.

Ich denke oft über meine Kindheit nach, über mein Aufwachsen inmitten dieser Natur. All diese Erinnerungen sind prägend und durchweg positiv besetzt, denn ich hatte das große Glück, eine wirklich schöne Kindheit zu erleben. Wir waren den ganzen Sommer draußen, haben uns schon morgens getroffen, haben Fußball gespielt, sind mit dem Rad durch die Nachbarschaft gedüst und waren, wenn überhaupt, immer nur kurz mal zu Hause und dann meistens, wenn es etwas zu essen gab.

Diese Zeit war sehr frei, sehr unbeschwert und mit meinen Freunden auch abenteuerlustig und natürlich sehr naturverbunden. Ich konnte die Jahreszeiten spüren, vor allem den Sommer, wenn die Bauern aktiv wurden, wenn das Stroh oder Heu gemacht, wenn gedroschen wurde und das ganze Dorf auf den Beinen war. Es ist diese Zeit, die Gerüche, die Stimmungen, die Geschmäcker, die mich stark geprägt haben und die die Wurzeln für meine Küchenphilosophie bilden.

Gleichzeitig bin ich aber auch in einem selbständigen Betrieb aufgewachsen, mit all seinen Höhen und Tiefen, Hürden und Verpflichtungen. Meine Schwester und ich waren meistens bei meinen Großeltern, da meine Eltern viel arbeiten mussten. Deshalb ist neben meiner engsten Familie vor allem die Bindung zu meinem Opa sehr stark und außergewöhnlich. Er ist für mich eine sehr wichtige Vertrauensperson, die mich immer unterstützt und voller Stolz an meiner Seite steht. Gleichzeitig hat er als Metzgermeister meine Vorliebe für Fleisch und Wurst geweckt und meine Oma – eine unglaublich tolle Köchin – mein Faible für handfeste Hausmannskost. Sie hat uns Kindern immer herrliche Dinge gekocht, z. B. feine Böbbele (kleine Kügelchen, die aus einer Art Pfannkuchenteig in der Pfanne geformt werden) oder Heidenheimer Knöpfle. Dabei handelt es sich um eine Art salzige Dampfnudel (sieht aus wie ein Brotlaib) aus Hefeteig, der aber nicht gebacken, sondern im Dampf gegart wird. Er ist super fluffig und wird zu deftigen Speisen gereicht.

Typisch schwäbisch sind außerdem die Ostalb Lämmer. Sie grasen auf den kargen Wacholderheiden, die wegen ihrer hügeligen Struktur schwer zu bewirtschaften sind. Die Schäfer betreiben mit der Wanderschäferei nachhaltige Landschaftspflege. Diese Haltung ist nicht nur typisch für die Region, das Lammfleisch schmeckt auch besonders.

Ansonsten gibt es natürlich all die typisch schwäbischen Gerichte, die wir und unsere Gäste so lieben: Maultaschen, Spätzle oder Rostbraten und bei uns im *Löwen* außerdem den Zanger Schnitzhafa, ein Gericht, das mein Vater kreiert hat und das unsere Stammgäste ganz besonders schätzen. Den Namen hat es dem Umstand zu verdanken, dass die Ostalb-Dörfer in der Regel einen Beinamen tragen. Wir Zanger sind die »Schnitzhäfa«, was sich von Häfner (Töpfer) ableitet und noch heute unseren Ort als Töpferdorf charakterisiert. Der Zanger Schnitzhafa ist eine Art Zürcher Geschnetzeltes, allerdings nicht aus Kalb-, sondern aus Rind- und Schweinefleisch. Dazu wird kein Rösti serviert, sondern Spätzle und Bubenspitzle.

Schon als Kind war ich ein echter Schwabenfreak. Maultaschen, Kartoffelsalat, Spätzle und Rahmsoße und das alles zusammen auf einem Teller ... Das liebe ich einfach. Gerade das Metzgerhandwerk kommt bei gut gemachten Maultaschen voll zum Tragen. Das hat bei uns Tradition und ich mache sie heute noch so, wie ich es von meinem Opa gelernt habe. Sie sind ein absoluter Renner, auch in unserem Feinkostversand.

Ich freue mich, mit diesem Buch diese Erinnerungen, die Stimmungen meiner Heimat, ihre Spezialitäten und die modernen Weiterentwicklungen in meiner Küche zeigen zu können und so etwas an diesen Ort und meine Familie zurückgeben zu können.

Güldner

Frank Widmann

Ein Schäfer mit großem Herz

CHARLY SMIETANA

Johannes »Charly« Smietana ist ein echtes Urgestein und als Wanderschäfer gilt seine Berufung einer einzigartigen Aufgabe in unserer Region.

Für Menschen, die jeden Tag in ein Büro gehen, ist das, was Charly macht, schlicht unvorstellbar. Er lebt das ganze Jahr mit seinen Schafen in der Natur, läuft mit ihnen mitunter 80 Kilometer am Tag, was man sich erst einmal vorstellen muss. Im Sommer grasen seine Tiere auf unseren Zanger Weiden, im Winter zieht er mit ihnen ins Remstal. Er ist immer in Bewegung, zusammen mit seinen Hunden, mit denen er die Herde treibt und führt. Seit 2004 ist er Teil der Initiative Ostalblamm, die der Landkreis Heidenheim gemeinsam mit Hüteschäfern und Gastronomen aus der Region gegründet hat, um dieses Qualitätsprodukt zu bewahren, zu schützen und mit einem eigenen Qualitätssiegel zu versehen.

Der Beruf des Wanderschäfers hat einen eigenen magischen Nimbus, der sicher aus der tiefen Verwurzelung in der Natur herrührt. Auch Charly strahlt diese ganz eigene ruhige Kraft und Energie aus.

Seine Schäferei unterscheidet sich ganz maßgeblich von einer klassischen Lammzucht, denn mit seinen Tieren betreibt er eine aktive Landschafts- und Naturpflege in unserer von Wacholder geprägten Region. Es ist ein gelebter, wertvoller Naturschutz, in dem Mensch und Tier im Einklang mit ihrer Umgebung leben und sich bewegen. Die Schafe sind genügsam und bewahren bei ihren Wanderungen die Kräuterhänge, Wiesen und Waldränder vor Wildwuchs und Wucherung, was wiederum den Lebensraum seltener Tier- und Pflanzenarten schützt.

Charly ist ein echter Kenner des Lammfleisches, denn als Metzger und Schäfer vereint er seine profunden Kenntnisse in beiden Disziplinen. Das besondere Fleischaroma seiner Tiere ist weniger schwer, sondern geprägt von den Wacholderheiden, die dem Fleisch eine gewisse Leichtigkeit verleihen.

Abgesehen davon ist Charly ein enger und wunderbarer Freund, ein lebenslustiger Mensch, mit dem wir neben vielen Albauftrieben auch schon so einige feuchtfröhliche Partys gefeiert haben. Seine Arbeit und seine Tiere sind auch Teil meiner Alb.style-Welt, in der sich genau solche Menschen mit ihrer Leidenschaft wiederfinden, und die Einzigartigkeit ihrer Produkte in meinen Gerichten zum Ausdruck kommt

Meine schwäbische Wirtshausküche

KAPITEL 01

Sie bildet die Basis meiner Küchenphilosophie. Mit diesen warmen herrlichen Heimatgerichten bin ich aufgewachsen und ich habe sie schon lange vor meiner Lehre tief verinnerlicht. Ausgehend von sehr guten Grundprodukten unserer lokalen Produzenten steht hier diese handwerklich sehr gute Küche im Fokus. Dabei geht es zum einen darum, Klassiker und Traditionen zu bewahren, aber mit neuen Techniken und einer eigenen Stilistik eben auch behutsam weiterzuentwickeln.

Wir machen dieses schwäbische Soulfood auf unserer Art, in unserem Alb.style eben.

Vorspeise für 4 Personen

Rindertatar »Alb.style« mit schwäbischem Kaviar, Wachtelei und Kräutersalat

Zutaten

500 g Rinderfilet, pariert

Für die Tatar-Marinade

2 EL Rosmarin-Ketchup (Rezept S. 156)
10 g Kapern
2 Essiggurken
1 Schalotte
1 EL Biersenf (Rezept Seite 157)
Salz
schwarzer Pfeffer, frisch gemahlen

Für den Salat

1 EL Apfelessig
1 TL Honig
1 TL Senf
2 EL Rapsöl, kaltgepresst
2 Handvoll Wildkräutersalat (vom Wochenmarkt oder selbst gesammelt)

Außerdem

1 EL Öl
4 Wachteleier
4 TL Miso-Mayonnaise (Rezept S. 157)
4 EL schwäbischer Kaviar (Rezept S. 216)
4 TL eingelegte Alblinsen (Rezept S. 216)
4 Scheiben Wurzelbrot oder Baguette

Zubereitung

Das Rinderfilet zuerst in dünne Scheiben, dann in gleichmäßige Streifen und zuletzt in feine Würfel schneiden, leicht salzen und pfeffern.

Für die Tatar-Marinade die Kapern und die Essiggurken fein hacken, die Schalotte in feine Würfel schneiden. Alles mit den restlichen Zutaten für die Marinade verrühren und dann gut mit dem Tatar vermengen.

Für das Salatdressing den Apfelessig mit dem Honig, dem Senf, einer Prise Salz und etwas Pfeffer verrühren. Danach langsam das Rapsöl einrühren. Über den Wildkräutersalat gießen und gut vermengen.

In einer Pfanne etwas Öl erhitzen und bei mittlerer Hitze 4 Wachtelspiegeleier braten. Das Eigelb danach mit einem runden Ausstecher ausstechen.

Zum Anrichten etwas Miso-Mayonnaise auf die Tellermitte streichen. Einen Anrichtering auf die Teller stellen und das Tatar einfüllen. Den Ring abnehmen und das Tatar ringsum mit dem Salat ausgarnieren. Den Kaviar und die Linsen darauf verteilen und zum Schluss das Spiegelei auf das Tatar geben.

Mein Tipp:
Das Brot in Scheiben schneiden und mit etwas Öl einreiben. In einer Pfanne kurz rösten und warm dazu servieren.

Vorspeise für 4 Personen

Löwengarten Fisch-Bowl, mit Lachsforelle, Kartoffeln und Romanasalat

Zutaten

320 g Lachsforellenfilet, ohne Haut
2 Romanasalatherzen
200 g kleine Kartoffeln
1 Lorbeerblatt
Öl
2 Frühlingszwiebeln
2 Tomaten
4 Scheiben Toastbrot, entrindet
Salz
schwarzer Pfeffer, frisch gemahlen
frische Kräuter

Für die Vinaigrette

1 TL Biersenf (Rezept S. 157)
50 ml Weißweinessig
50 ml Wasser
1 TL Honig
Salz
schwarzer Pfeffer, frisch gemahlen
100 ml Rapsöl, kaltgepresst

Zubereitung

Die Forellenfilets in 1,5 cm große Würfel schneiden. Die Salatherzen putzen und in einzelne Blätter zupfen, waschen und trocknen.

Die Kartoffeln in einen Topf geben, mit Wasser, einer Prise Salz und dem Lorbeerblatt zum Kochen bringen. Die Hitze reduzieren und abgedeckt garen. Abgießen, pellen und in Scheiben schneiden, abkühlen lassen.

Etwas Öl in einer Pfanne erhitzen, die Kartoffeln darin kross anbraten und auf einem Küchentuch abtropfen lassen.

Für die Vinaigrette alle Zutaten bis auf das Öl gut verrühren. Dann das Öl nach und nach einrühren, bis eine Emulsion entsteht.

Die Frühlingszwiebeln putzen und in feine Ringe schneiden. Die Tomaten vierteln, die Kerne entfernen und das Fruchtfleisch in Würfel schneiden. Beides mit der Vinaigrette vermengen. Die Hälfte davon in eine Schüssel geben und die Bratkartoffeln hineingeben.

Die Toastbrotscheiben in Würfel schneiden. Öl in einem weiten Topf oder einer Fritteuse auf 150 °C erhitzen. Die Brotwürfel darin goldbraun frittieren und auf einem Küchentuch abtropfen lassen, leicht salzen.

Etwas Öl in einer Pfanne erhitzen und darin die Forellenwürfel scharf anbraten. Nicht durchgaren! Mit Salz und Pfeffer abschmecken und in die restliche Vinaigrette geben.

Die Salatblätter in tiefen Tellern so anrichten, dass eine kleine Schale entsteht. Die Bratkartoffeln hineingeben, die Fischwürfel darauf verteilen und nochmals mit der Vinaigrette beträufeln. Mit den Croûtons und den Kräutern garniert servieren.

Mein Tipp:
Etwas gereiften Bergkäse grob darüber hobeln – sorgt für noch mehr Gaumen-Gaudi.

Suppe für 4 Personen

Schwäbische Festtagssuppe, mit Maultäschle, Grießklößle und Flädle

Zutaten

Für die Grießklößle

120 g Butter
½ l Milch
200 g Hartweizengrieß
2 Eier
2 Eigelb
Salz
schwarzer Pfeffer, frisch gemahlen
Muskatnuss, gerieben

Für die Backerbsen

100 ml Wasser
60 g Mehl, Typ 405
Öl zum Frittieren

Außerdem

1 l Fleischbrühe (Rezept S. 227)
4 Kräuterflädle (Rezept S. 32)
4 Maultaschen (Rezept S. 212)
1 Bund Schnittlauch

Zubereitung

Für die Grießklößle die Butter in einem Topf schmelzen und die Milch dazugeben. Den Grieß einrühren und unter ständigem Rühren leicht »abbrennen«, bis ein homogener Teig entsteht. Von der Hitze nehmen und 5 Minuten abkühlen lassen. Dann die Eier und die Eigelbe unterrühren. Mit Salz, Pfeffer und Muskatnuss abschmecken.

Mit 2 kleinen Esslöffeln Nocken aus der Masse abdrehen und in leicht köchelndem Salzwasser gar ziehen lassen. Die Klößle sind fertig, wenn Sie oben schwimmen.

Für die Backerbsen das Wasser mit dem Mehl und einer Prise Salz verrühren, abgedeckt eine halbe Stunde ruhen lassen. Das Öl in einem weiten Topf oder einer Fritteuse auf 160 °C erhitzen und kleine Teigkugeln hineintropfen lassen. Das geht am besten mit einer Spätzlepresse oder einer Konditorspritze ohne Aufsatz. Die Backerbsen goldbraun frittieren, aus dem Öl nehmen und auf einem Küchentuch abtropfen lassen, leicht salzen.

Die Brühe in einen Topf füllen und zum Kochen bringen. Einen kleinen Teil davon in einen anderen Topf geben und darin die Grießklößle, die Flädle und die Maultaschen wärmen. Sobald sie gut warm sind, auf die Suppenteller verteilen und die heiße Brühe darübergießen. Zum Schluss den Schnittlauch in Röllchen schneiden und zusammen mit den Backerbsen in die Suppe geben.

Mein Tipp:
Auf die Maultaschen noch etwas Bröselschmelze geben. So mag ich sie am liebsten.

Hauptgang für 4 Personen

Spargel »schwäbisch« mit Flädle, Schinken und Bröselschmelze

Zutaten

16 Stangen weißer Spargel
50 g Zucker
80 g Salz
4 Scheiben Krustenschinken (Rezept S. 224)

Für die Flädle

150 g Mehl
250 ml Milch
2 Eier
2 Eigelb
40 ml Rapsöl
2 EL frische Kräuter, gehackt
Salz
schwarzer Pfeffer, frisch gemahlen
Muskatnuss, gerieben
4 EL Butter

Für die Bröselschmelze

150 g Butter
4 EL Semmelbrösel
½ Bund Schnittlauch

Außerdem

frische Kräuter

Zubereitung

Die Spargelstangen schälen und das harte Endstück abschneiden. Die Schalen mit 2,5 Liter Wasser in einen Topf geben, aufkochen und ca. 15 Minuten ziehen lassen. Danach durch ein feines Sieb abgießen, wieder in den Topf geben, Zucker und Salz zugeben und erneut aufkochen. Die Spargelstangen einlegen und bei mittlerer Hitze gar ziehen lassen.

Aus Milch, Eiern und Mehl einen glatten Teig anrühren, mit Salz, Pfeffer und Muskatnuss abschmecken. Kurz ruhen lassen und dann in einer Pfanne in der Butter dünne Flädle ausbacken.

Die Schinkenscheiben in einer Pfanne anbraten. Die Flädle auf ein Brett legen, die Schinkenscheiben darauflegen und pro Portion 4 gekochte Spargelstangen darin einwickeln.

Die Butter in einem Topf aufschäumen lassen, die Brösel darin leicht rösten und mit Salz abschmecken. Den Schnittlauch in Röllchen schneiden und dazugeben.

Die Spargel-Schinken-Päckchen auf vorgewärmte Teller legen etwas Bröselschmelze darüber verteilen und mit den Kräutern garniert servieren.

Mein Tipp:
Übrig gebliebene Schmelze kann problemlos im Kühlschrank aufbewahrt und wieder erwärmt werden.

Confiertes Saiblingsfilet mit Petersilienwurzelgemüse und Preiselbeeren

Zutaten

480 g Saiblingsfilet, ohne Haut
600 g Butter
Fleur de Sel

Für das Püree

1 Zwiebel
80 g Butter
200 g Petersilienwurzel
100 g Sahne
Salz
schwarzer Pfeffer, frisch gemahlen

Für das Gemüse

4 Petersilienwurzeln

Außerdem

Petersilienöl (Rezept S. 78)
Petersilienwurzelchips (Rezept S. 78)
4 EL Preiselbeeren, kaltgerührt
Kräuter wie Dill, Kerbel oder Pimpinelle

Zubereitung

Das Saiblingsfilet in 4 gleich große Stücke teilen. Die Butter in einem Topf schmelzen. Die Hitze etwas erhöhen und die Butter unter Rühren so lange köcheln, bis sich Fett und Molke trennen. Die braune Butter durch ein feines Tuch passieren. Etwa zwei Drittel davon in eine Form geben, die Fischstücke hineinlegen und bei 60 °C warmhalten.

Für das Püree die Zwiebel abziehen und in feine Streifen schneiden. In einem Topf etwas Butter schmelzen und darin die Zwiebel farblos anschwitzen. Die Petersilienwurzel putzen und in gleichmäßige Stücke schneiden. Zu den Zwiebeln geben und mit anschwitzen, leicht salzen. Die Sahne zugeben und das Gemüse weichkochen. Die restliche Butter zugeben und alles mit einem Stabmixer glatt pürieren. Mit Salz und Pfeffer abschmecken.

Die Petersilienwurzeln putzen, der Länge nach vierteln (oder je nach Größe halbieren) und in eine Pfanne geben. Leicht salzen, die restliche braune Butter darübergeben und die Wurzeln bei mittlerer Hitze schmoren. Wenn die Stücke bissfest sind, die Hitze erhöhen und die Stücke kurz in der schäumenden Butter bräunen.

Das Püree auf vorgewärmte Teller verteilen und eine kleine Kuhle formen, etwas Petersilienöl und Preiselbeeren hineingeben. Die Fischfilets aus der Butter nehmen, kurz abtropfen lassen und etwas Fleur de Sel darüberstreuen. Auf das Püree setzen und die Petersilienwurzelstücke anlegen. Mit den Kräutern garniert servieren.

Mein Tipp:
Die Petersilienwurzelchips geben dem Gericht noch mehr Crunch.

Hauptgang für 4 Personen

Gepökelte Schweinebäckle in Alblinsensoße mit Kräuterspätzle

Zutaten

16 Schweinebäckle, mager (beim Metzger bestellen)
2 l Wasser
18 g Salz
2 g Pökelsalz
je 2 Lorbeerblätter, Nelken, Wacholderbeeren
1 Zwiebel
½ Stange Lauch

Für die Soße

2 Schalotten
160 g Alblinsen
2 EL Öl
1 Stängel Thymian
800 ml Grundsoße (Rezept S. 228)

Für die Spätzle

100 g Kräuter wie Petersilie, Schnittlauch, Kerbel
4 Eier
1 EL Salz
400 g griffiges Mehl

Zubereitung

Die Bäckle müssen vor der Zubereitung 2–3 Tage gepökelt werden. Dafür das Wasser mit dem Salz und den Gewürzen aufkochen. Den Topf vom Herd nehmen und die Bäckle hineingeben. Deckel auflegen bei Raumtemperatur abkühlen lassen. Dann im Kühlschrank 2 Tage ziehen lassen.

Zum Kochen der Bäckle einen Topf mit frischem Wasser aufsetzen. Die Zwiebel mit Schale und den Lauch grob zerkleinern und hineingeben. Das Wasser leicht salzen und aufkochen lassen. Die Bäckle aus der Lake nehmen, unter fließend kaltem Wasser abspülen und in das leicht köchelnde Gewürzwasser geben. Bei mittlerer Hitze weichkochen.

Für die Soße die Schalotten abziehen und fein würfeln. Die Linsen in kochendem Salzwasser 4–6 Minuten kochen und abgießen. Dann die Schalottenwürfel in einem Topf in Öl anschwitzen, die Linsen und den Thymian dazugeben. Weitere 8 Minuten leise köcheln lassen, dann mit der Grundsoße aufgießen und aufkochen lassen. Die fertigen Schweinebäckle einlegen.

Für die Spätzle die Kräuter mit einem Stabmixer fein pürieren. Die Eier mit dem Salz verrühren und zu den Kräutern geben, alles nochmals gut durchmixen. Dann nach und nach das Mehl einrühren, bis ein glatter Teig entsteht. Den Teig in das kochende Salzwasser schaben oder mit einer Spätzlepresse hineinpressen.

Mein Tipp:
Ob die Bäckle fertig sind, lässt sich am besten mit einem kleinen Küchenmesser testen. In ein Bäckle stechen, wenn das Messer locker ins Fleisch rutscht, sind die Bäckle gar.

Hauptgang für 4 Personen

Löwenwirts Ente mit Blaukraut und Pfannenknödel

Zutaten

2 Enten, küchenfertig (je ca. 2,2 kg)
4 Zwiebeln
6 Äpfel
1 EL Majoran
Salz
schwarzer Pfeffer, frisch gemahlen
500 ml Enten- oder Grundsoße (Rezept S. 228)

Für das Blaukraut

2 Köpfe Blaukraut
4 Äpfel
200 g Zucker
80 g Salz
1 TL Zimt
200 ml Rotwein
200 ml Apfelsaft
2 Zwiebeln
200 g Enten- oder Gänsefett

Für die Pfannenknödel

½ Zwiebel
80 g Butter
300 ml Milch
Muskatnuss, frisch gerieben
250 g Weißbrot in Würfeln
1 EL Schnittlauchröllchen
2 Eier

Außerdem

4 EL eingemachter Kürbis (Rezept S. 219)

Zubereitung

Den Backofen auf 160 °C Umluft vorheizen.

Die Enten unter fließend kaltem Wasser abspülen und trockentupfen. Die Innenseite leicht salzen.

Die Zwiebeln abziehen, vier Äpfel vom Kernhaus befreien. Beides grob würfeln und mit dem Majoran und etwas Salz vermengen. Die Mischung in die Enten füllen, diese rundum salzen und pfeffern und in einen passenden Bräter legen.

Die Enten im vorgeheizten Ofen etwa eine Stunde braten. Dann regelmäßig mit dem austretenden Bratensaft bepinseln.

Für die Bratäpfel die restlichen beiden Äpfel quer halbieren und das Kernhaus entfernen. Die Apfelhälften zum Ende der Garzeit für etwa 20 Minuten mit in den Ofen geben.

Die fertigen Enten nach etwa 2 Stunden aus dem Ofen nehmen und tranchieren. Danach abgedeckt beiseitestellen und den Ofen auf 220 °C Oberhitze umstellen. Vor dem Servieren die Enten mit dem Bratensaft bepinseln, salzen und kross braten.

Die Entensoße in einem Topf erwärmen, den ausgetretenen Bratensaft dazugeben. Die Füllung aus den Enten in ein Sieb geben und dieses so in den Topf mit der Soße hängen, dass der Inhalt mit der Soße Kontakt hat. Vor dem Servieren die Mischung im Sieb leicht ausdrücken und die fertige Soße anmixen.

Für das Blaukraut die Krautköpfe vom Strunk und den äußeren Blättern befreien, in feine Streifen hobeln. Die Äpfel vom Kernhaus befreien und zum Kraut hobeln. Mit Zucker, Salz und Zimt kräftig durchkneten. Dann den Wein und den Saft zugeben und nochmals richtig kräftig kneten. Danach abgedeckt und mit einem Gewicht beschwert im Kühlschrank 2 Tage marinieren.

Die Zwiebeln abziehen und fein würfeln. In einem großen Topf die Hälfte des Entenfetts erhitzen und die Zwiebelwürfel darin glasieren. Das Kraut aus der Marinade nehmen und in den Topf geben. Unter Rühren anschwitzen, dann mit der Marinade aufgießen. Die Hitze reduzieren und etwa 1 Stunde weichkochen. Zum Schluss mit Salz und Entenfett abschmecken.

Für die Knödel die Zwiebel abziehen und fein würfeln. In einer Pfanne die Hälfte der Butter erhitzen und die Zwiebelwürfel darin glasieren. Mit der Milch ablöschen und einmal aufkochen lassen. Mit Salz, Pfeffer und Muskat abschmecken.

Die Brotwürfel in eine Schüssel geben und mit dem heißen Milchgemisch übergießen. Abgedeckt etwa 10 Minuten ziehen lassen. Dann die Eier zugeben und das Ganze mit den Händen rasch zu einem lockeren Knödelteig verkneten. Zum Schluss den Schnittlauch unterkneten. Nochmals abschmecken und zu gleichmäßigen Knödeln formen. In gesalzenem, leicht kochendem Wasser ziehen lassen. Vor dem Servieren in einer Pfanne mit der verbliebenen Butter anbraten.

Zum Servieren die Enten mit den Bratäpfeln auf vorgewärmten Tellern anrichten. In die Bratäpfel jeweils 1 Esslöffel eingelegten Kürbis füllen. Blaukraut, Knödel und Soße separat dazu reichen.

Gebackenes Schweinekotelett mit Bratkartoffelsalat und Remouladensoße

Zutaten

4 Schweinekotelett mit Knochen und Fettrand (je ca. 350 g)
100 g Mehl
1 Ei
100 g Semmelbrösel
200 g Butter
Salz
schwarzer Pfeffer, frisch gemahlen

Für den Kartoffelsalat

600 g Pellkartoffeln vom Vortag
100 g Bauchspeck
1 Schalotte
200 ml Wurstsalatdressing (Rezept S. 114)
1 Bund Schnittlauch

Für die Remoulade

2 Schalotten
4 Essiggurken
1 EL Kapern
je ½ Bund Kerbel und Petersilie
400 g Mayonnaise
1 EL Senf
1 EL Sauerrahm

Zubereitung

Für die Remoulade die Schalotten abziehen und mit Gurken, Kapern und Kräutern fein hacken. Mit den übrigen Zutaten verrühren und mit Salz und Pfeffer abschmecken.

Für den Kartoffelsalat die Kartoffeln schälen und in Scheiben schneiden. Den Speck fein würfeln, die Schalotte abziehen und ebenfalls fein würfeln. Die Speckwürfel in einer Pfanne auslassen. Die Schalottenwürfel zugeben und glasieren. Dann die Kartoffelscheiben zugeben und goldbraun braten. Alles auf ein Küchentuch geben und abtropfen lassen. Danach in einer Schüssel mit dem Dressing vermischen. Den Schnittlauch in Röllchen schneiden und darübergeben. Der Salat sollte lauwarm serviert werden.

Den Backofen auf 160 °C Umluft vorheizen. Die Koteletts unter fließend kaltem Wasser abspülen und trockentupfen, den Fettrand vorsichtig einschneiden, leicht salzen und pfeffern. Anschließend mit dem Mehl, dem verquirlten Ei und den Semmelbröseln panieren.

Die Hälfte der Butter in einer schweren Pfanne erhitzen, die Koteletts darin rundum anbraten und dann im vorgeheizten Ofen garen, bis sie eine Kerntemperatur von 59 °C erreicht haben. Kurz vor dem Servieren die restliche Butter in der Pfanne aufschäumen und die Koteletts darin kurz anbraten.

Mein Tipp:
Den Fettrand unbedingt am Fleisch lassen, so bleibt das Fleisch beim Ausbacken saftiger.

Hauptgang für 4 Personen

Geschmorte Ostalb Lammschulter mit Bohnen-Dinkel-Cassoulet

Zutaten

1 Lammschulter, ausgelöst – der Haxenknochen sollte noch dran sein.
je 1 Stängel Thymian, Rosmarin, Majoran, Salbei
1 Zwiebel
2 Karotten
½ Sellerieknolle
2 EL Öl
200 ml Lammfond
8 Kirschtomaten
2 Knoblauchzehen
800 ml Lammsoße (Rezept S. 228)
Salz
schwarzer Pfeffer, frisch gemahlen

Für das Cassoulet

100 g Schnittbohnen
200 g Stangenbohnen
1 Bund Bohnenkraut
2 Schalotten
2 EL Öl
400 g Dinkelino (Dinkel wie Reis)
100 ml trockener Weißwein
800 ml Gemüsefond
100 g Butter

Außerdem

frische Kräuter
Küchengarn

Zubereitung

Den Backofen auf 160 °C Umluft vorheizen.

Die Schulter unter fließend kaltem Wasser abspülen und trockentupfen, rundum leicht salzen. Dann mit der Hautseite nach unten flach auf ein Brett legen, die Kräuter mittig einlegen. Das Fleisch der Länge nach einrollen und wie einen Rollbraten binden, den Haxenknochen frei lassen.

Das Gemüse putzen, in grobe Würfel schneiden und in dem Öl glasieren. In einen Bräter geben und die Lammschulter darauflegen. Im vorgeheizten Ofen etwa 1,5 Stunden braten. Danach regelmäßig mit etwas Lammfond einpinseln. Nach etwa 2 Stunden sollte die Schulter gar sein. 10 Minuten vor Ende der Garzeit die Kirschtomaten mit in den Bräter geben. Die fertige Schulter aus dem Ofen nehmen, das Küchengarn entfernen und das Fleisch ruhen lassen.

Für das Cassoulet die Bohnen putzen und fein schneiden. In einem Topf Wasser mit Salz und einem Stängel Bohnenkraut zum Kochen bringen, die Bohnen darin bissfest garen und dann in Eiswasser abschrecken.

Die Schalotten abziehen und fein würfeln, das restliche Bohnenkraut fein hacken. Das Öl in einem Topf erhitzen und die Schalottenwürfel anschwitzen. Den Dinkelino zugeben und unter Rühren ebenfalls anschwitzen. Mit dem Weißwein ablöschen und diesen verkochen lassen. Dann mit der Hälfte des

Gemüsefonds aufgießen und diesen einkochen lassen. Restlichen Fond zugeben und bei reduzierter Hitze weiterkochen, dabei die Flüssigkeit nicht ganz einkochen lassen. Zum Fertigstellen die Bohnen, das gehackte Bohnenkraut und die Butter einrühren, mit Salz abschmecken.

Eine schwere Pfanne erhitzen und die Schulter darin rundum anbraten, dabei mit dem Lammfond aus dem Bräter glasieren, den Knoblauch mit in die Pfanne geben. In der Zwischenzeit die Lammsoße in einem kleinen Topf erwärmen.

Das Fleisch in Scheiben schneiden und auf vorgewärmten Tellern anrichten und etwas Soße darübergießen. Die Kirschtomaten danebensetzen und mit frischen Kräutern garnieren. Das Bohnen-Cassoulet separat dazu reichen.

Mein Tipp:
Ein Gericht, dass von frischen Kräutern lebt.
Hier gilt: Viel hilf viel!

Hauptgang für 4 Personen

Rosa gebratene Rehkeule unter der Kräuterkruste mit Kartoffeltörtchen

Zutaten

700 g Rehfleisch aus der Oberschale
2 EL Öl
50 g Butter
1 Stängel Thymian
1 Knoblauchzehe
Salz
schwarzer Pfeffer, frisch gemahlen

Für die Kruste

100 g Butter
100 g Kräuter
50 g Semmelbrösel
2 Eigelb
1 TL Biersenf

Für das Törtchen

200 g Kartoffeln
60 g Butter, zerlassen
2 Eigelb
Muskatnuss, gerieben

Für die Frühlingszwiebel

8 Frühlingszwiebeln
50 g Butter
1 Stängel Thymian

Außerdem

600 ml Rehsoße (Rezept S. 228)
Roggen-Chips
frische Wildkräuter
rechteckige Silikonbackförmchen

Zubereitung

Für die Kräuterkruste die Butter in einer Küchenmaschine schaumig schlagen. Dann die restlichen Zutaten gut einrühren. Mit Salz und Pfeffer abschmecken und dünn auf ein Backpapier streichen. Am besten über Nacht im Kühlschrank fest werden lassen.

Den Backofen auf 150 °C Umluft vorheizen. Für die Törtchen die Kartoffeln schälen, Die Hälfte in feine Würfel schneiden, in Salzwasser kurz blanchieren und anschließend in Eiswasser abschrecken. Die restlichen Kartoffeln in Salzwasser weichkochen und abgießen. Kurz ausdampfen lassen und durch eine Kartoffelpresse in eine Schüssel drücken. Die Butter und die Eigelbe zugeben und alles zu einer glatten Masse verrühren. Die Kartoffelwürfel unterheben und mit Salz, Pfeffer und Muskatnuss abschmecken. Die Förmchen ausbuttern, die Masse einfüllen und im vorgeheizten Ofen etwa 25 Minuten backen. Herausnehmen und warmstellen, die Temperatur des Backofens auf 105 °C reduzieren.

Die Frühlingszwiebeln auf ein kleines Blech legen, leicht salzen und die Butter in Flöckchen darauf verteilen. Mit Backpapier abdecken und im Ofen etwa 20 Minuten schmoren. Herausnehmen, etwas abkühlen lassen und die äußere Schicht abziehen. Kurz vor dem Servieren die Butter in einer Pfanne erhitzen, den Thymian dazugeben und die Frühlingszwiebelherzen kurz darin schwenken.

Die Temperatur des Backofens auf 120 °C erhöhen. Das Fleisch unter fließend kaltem Wasser abspülen und trockentupfen, leicht salzen. Das Öl in einer Pfanne erhitzen und das Fleisch von allen Seiten scharf anbraten. Auf einen Backofenrost setzen, ein Backblech darunterschieben und das Fleisch im Ofen braten, bis es eine Kerntemperatur von 51 °C erreicht hat. Herausnehmen und abgedeckt ruhen lassen. Den Backofen auf 240 °C Oberhitze umstellen.

Die Butter in einer Pfanne erhitzen, Thymian und Knoblauch dazugeben und das Fleisch darin rundum anbraten. Die Kräuterkruste darauflegen und das Ganze kurz gratinieren. Die Rehsoße in einem Topf erwärmen.

Einen Soßenspiegel auf vorgewärmte Teller gießen. Das Fleisch in Scheiben schneiden und auflegen. Die Törtchen aus der Form nehmen und mit den Lauchzwiebeln neben dem Fleisch anrichten. Mit den Chips und den Kräutern garniert servieren.

Mein Tipp:
Ich gebe ganz am Schluss etwas Schlehen- oder Kirschlikör in die Soße – das passt perfekt zum Reh.

Vegetarisches Gericht für 4 Personen

Zanger Rahmkartoffeln mit Kopfsalat

Zutaten

1 kg Kartoffeln, vorwiegend festkochend
1 Zwiebel
1 EL Butter
600 g Sahne
2 EL Thymian, getrocknet
Salz
schwarzer Pfeffer, frisch gemahlen
Muskatnuss, gerieben
200 g Bergkäse, mild

Für den Salat, wie ihn Mama Regina am liebsten mag

100 ml Weißweinessig, mild
Saft einer halben Zitrone
4 g Salz
5 g Zucker
schwarzer Pfeffer, frisch gemahlen
120 ml Rapsöl, kaltgepresst
2 Schalotten
1 Kopfsalat

Zubereitung

Den Backofen auf 120 °C Umluft vorheizen.

Die Kartoffeln waschen, schälen und halbieren. Die Hälften fein einschneiden, so dass eine Art Fächer entsteht. Die Kartoffeln dicht nebeneinander in eine ofenfeste Form setzen.

Die Zwiebel abziehen und fein würfeln. Die Butter in einer Pfanne erhitzen und die Zwiebelwürfel darin anschwitzen, die Sahne aufgießen und unter Rühren auf etwa zwei Drittel einkochen. Mit Thymian, Salz, Pfeffer und Muskat abschmecken.

Den Käse fein reiben. Die Hälfte davon unter die Sahnemischung heben, diese dann über die Kartoffeln gießen, bis diese knapp bedeckt sind. Das Gratin im Ofen etwa 35 Minuten backen. Dann den restlichen Käse darüberstreuen und kurz gratinieren.

Für das Dressing den Essig, den Zironensaft, Salz, Zucker und Pfeffer gut miteinander verrühren. Dann das Öl langsam unterrühren. Die Schalotten abziehen und fein würfeln. Das Dressing und die Schalottenwürfel gut mit dem gewaschenen, grob gezupften Salat vermengen.

Mein Tipp:
So ein Gericht muss frisch aus dem Ofen auf den Tisch – guten Appetit!

Vegetarisches Gericht für 4 Personen

Gebackene Kartoffelmaultaschen mit Rahmkraut

Zutaten

Für den Kartoffelteig

500 g Kartoffeln, gekocht und passiert
300 g Mehl
2 Eier
30 g Butter, zerlassen
Salz
schwarzer Pfeffer, frisch gemahlen
Muskatnuss, gerieben

Für die Füllung

200 g gemischte Pilze
30 g Zwiebel
2 EL Öl
50 g Semmelbrösel
60 g Frischkäse
je 1 TL Schnittlauch und Petersilie

Für das Rahmkraut

1 kleiner Kopf Spitzkraut
2 Schalotten
1 EL Öl
1 TL Mehl
100 ml Weißwein, trocken
500 g Sahne

Außerdem

Öl zum Frittieren
frische Kräuter
Kräuteröl
schwäbischer Kaviar (Rezept S. 216)

Zubereitung

Für den Kartoffelteig alle Zutaten vorsichtig zu einem homogenen Teig vermengen. Etwa 1 Stunde in den Kühlschrank stellen.

Für die Füllung die Pilze fein schneiden. Die Zwiebel abziehen und fein hacken. In einer Pfanne das Öl erhitzen und Pilze und Zwiebel darin anbraten. Abkühlen lassen und mit den restlichen Zutaten vermischen. Mit Salz, Pfeffer und Muskat abschmecken.

Die Arbeitsfläche mit etwas Mehl bestäuben und den Kartoffelteig ausrollen. Maultaschen formen wie auf Seite 212 beschrieben. Die fertigen Maultaschen kalt stellen und erst kurz vor dem Servieren in 170 °C heißem Öl ausbacken. Auf einem Küchentuch abtropfen lassen und leicht salzen.

Das Spitzkraut in feine Streifen schneiden, die Schalotten abziehen und fein würfeln. Das Kraut in einer Pfanne scharf anbraten und leicht salzen, herausnehmen und beiseitestellen. In der gleichen Pfanne die Schalotten im Öl anschwitzen und mit dem Mehl bestäuben. Unter Rühren leicht »abbrennen«, mit dem Weißwein ablöschen und diesen vollständig verkochen lassen. Die Sahne und das Kraut zugeben und aufkochen lassen. Die Hitze reduzieren und das Kraut sämig einkochen. Mit Salz und Pfeffer abschmecken.

Das Rahmkraut auf vorgewärmte Teller verteilen und die frittierten Maultaschen darauf anrichten. Mit frischen Kräutern, Kräuteröl und schwäbischem Kaviar garniert servieren.

Mein Tipp:
Ich gebe die abgegossenen, noch heißen Kartoffeln kurz wieder zurück in den Kochtopf und lasse sie bei leicht geöffnetem Deckel bei mittlerer Hitze etwa 10 Minuten »ausdampfen«. So lassen sich viel besser weiterverarbeiten.

Dessert für 4 Personen

Alb.style Käsekuchen mit eingelegten Beeren

Zutaten

Für die Käsekuchen

1 Blatt Gelatine
50 g Milch
265 g Frischkäse
80 g Zucker
5 g Mehl
50 g Eier
20 g Eigelb
20 g Sahne

Für die Beerengrütze

50 g brauner Zucker
100 ml Wasser
50 ml Portwein
100 ml Rotwein
200 ml Johannisbeersaft
500 g frische Beeren
1 Stängel Rosmarin

Für die Creme

50 g Frischkäse
20 g Puderzucker

Außerdem

frische Beeren
Schokoladeblättchen, 70 % Kakao
Sauerkleeblätter
4 Silikonbackförmchen, ca. 8 cm ø

Zubereitung

Den Backofen auf 85 °C Umluft vorheizen.

Für die Käsekuchen die Gelatine in kaltem Wasser einweichen und gut ausdrücken. Die Milch aufkochen und die Gelatine darin auflösen. Restliche Zutaten gut miteinander verrühren, dann die Milch einrühren. Die Masse in die Förmchen füllen und etwa 45 Minuten im Backofen stocken lassen. Danach abkühlen lassen und im kalten Zustand aus den Formen nehmen.

Für die Beerengrütze den Zucker und das Wasser in einem Topf zu dunklem Karamell kochen. Mit dem Port- und dem Rotwein ablöschen und sirupartig einkochen lassen. Mit dem Saft ablöschen und auf etwa zwei Drittel reduzieren. Die Beeren und den Rosmarin zugeben und bis zur gewünschten Konsistenz einkochen lassen.

Für die Creme den Frischkäse mit dem Puderzucker in einer Küchenmaschine aufschlagen und in einen Spritzbeutel mit Sterntülle füllen.

Die Creme auf die Teller spritzen und die Grütze ringsum verteilen. Die Käsekuchen in Stücke teilen und darauf anrichten. Mit Beeren, Schokolade und Sauerklee garnieren.

Mein Tipp:
Sie können einen Teil des Zuckers durch Gelierzucker ersetzen und erhalten so eine etwas dickflüssigere Grütze.

Dessert für 4 Personen

Süße Flädle mit Schokofüllung und Sommerbeeren

Zutaten

Für die Flädle

250 ml Milch
3 Eier
50 g Zucker
125 g Mehl
4 EL Butter

Für die Füllung

40 g Eigelb
60 g Zucker
4 Blatt Gelatine
90 ml Milch
80 g weiße Schokolade
300 g Sahne

Außerdem

frische Beeren
Puderzucker
frische Kräuter

Zubereitung

Für die Flädle die Milch mit den Eiern und dem Zucker verrühren, dann das Mehl nach und nach unterrühren. Den Teig etwa 15 Minuten ruhen lassen. Die Butter in einer Pfanne erhitzen und nacheinander dünne Flädle ausbacken.

Für die Füllung das Eigelb und den Zucker aufschlagen. Die Gelatine in kaltem Wasser einweichen. Die Milch aufkochen, die Schokolade einrühren, die Gelatine ausdrücken und unter Rühren auflösen. Die Sahne steif schlagen.

Das Milchmischung langsam in die Eigelb-Zucker-Mischung rühren. Auf Zimmertemperatur abkühlen lassen und dann die Sahne unterheben.

Die Flädle mit der Masse füllen und mithilfe von Frischhaltefolie zu Rollen formen. Im Kühlschrank gut durchkühlen lassen und zum Servieren in Stücke schneiden.

Die Rollen auf Teller legen, mit Puderzucker bestäuben und Beeren und Kräutern servieren.

Mein Tipp:
Am liebsten esse ich dazu Erdbeerquark. Ganz einfach Erdbeeren leicht zuckern, in den Quark rühren und die Beeren dabei etwas zerdrücken. Fertig!

Direkt an der Quelle

THOMAS & SVEN FISCHBÖCK

In der Fischzucht der Familie Fischböck bekommt der Name Ursprung eine ganz eigene Bedeutung.

Das große Geschenk dieses Familienbetriebs, neben dem seit 1976 gesammelten Knowhow in diesem Beruf, ist die besondere Lage, die ganz maßgeblich den perfekten Lebensraum für die Forellen, Lachsforellen und Saiblinge bestimmt.

In der Nähe von Oberkochen, wo die Fischzucht liegt, entspringen zwei Flüsse. Zum einen der Ziegelbach, der über die Prenz in die Donau fließt (auf dem Weg ins Schwarze Meer). Und auf der anderen Seite der Schwarze Kocher, dessen Quelle nur wenige Kilometer entfernt liegt, um schließlich in Gegenrichtung in den Neckar zu fließen (auf seinem Weg Richtung Rhein). Als Teil der sogenannten Europäischen Hauptwasserscheide befindet sich in dieser wunderschönen Umgebung also im wahrsten Sinne des Wortes der Ursprung. Ursprung für Energie und Leben und in diesem Fall für Qualität und Bewusstsein.

Im klaren, reinen Wasser dieser einzigartigen Natur züchten Thomas und Sven Fischböck ihre Tiere. Vater und Sohn leben gemeinsam diese Leidenschaft und mit ihrer artgerechten Haltung, den hochwertigen Futtermitteln und der intensiven Pflege garantieren sie mir als Gastronom, das ganze Jahr ein wunderbares, frisches Produkt.

Alb.style

NATÜRLICH SCHWÄBISCH

Dieses Kochbuch spiegelt auf spannende Weise zwei Seiten oder Pole wider. Zum einen wird die Region vorgestellt, die ich damit bekannter machen möchte, und ich will zeigen, wie schön es hier ist und was für großartige Menschen hier leben. Gleichzeitig möchte ich von meinen Wegen erzählen, die sich aus meinem Aufwachsen, meinen Wurzeln in dieser Heimat ergeben haben und die ich heute mit meiner Familie in unserem Betrieb nach außen trage. Dieser Alb.style ist unsere heutige DNA, die sich aus traditionellem Handwerk, lokalen Spezialitäten, Natur- und Heimatverbundenheit sowie dem innigen Wunsch speist, etwas Neues und Einzigartiges zu schaffen, das für sich steht, ohne das andere zu verleugnen.

Widmann

Die Frage nach meiner Küchenphilosophie stellt immer auch die Frage, woher unsere Produkte kommen und wie wir sie verarbeiten. »Natürlich schwäbisch« trifft es da einfach am besten, denn der doppelte Wortsinn birgt das ganze Geheimnis. »Natürlich« als Synonym für Naturverbundenheit und dem festen Grundsatz, Produkte aus unserer Umgebung zu nutzen und zu verarbeiten. Und dies mit einem »natürlich« im Sinne von »Was sonst?«, um genau diesen Grundsatz noch einmal zu bekräftigen und als Selbstverständlichkeit zu unterstreichen.

Die schwäbische Küche wird oft als schwer und deftig verstanden, wir aber zeigen, dass sie auch ganz andere Facetten hat. Die Spannung liegt in den Möglichkeiten zwischen handfest und fein, zwischen deftig und leicht. Immer jedoch muss es schmecken, egal ob ein Wurstsalat auf den Teller kommt oder ein feiner Snack aus unserem Gourmetrestaurant *Ursprung*. Der Geschmack steht immer im Vordergrund. Es geht in meiner Küche auch nicht um eine Überreizung. Ich muss nichts neu erfinden. Ein Rostbraten ist bei mir ein Rostbraten – also klassisch. Im *Ursprung* dagegen denke ich mir dann andere Dinge aus, die zu unserer Region passen und meine eigene Signatur tragen.

Vielfältig, schön und überraschend, so ist unsere Alb.style-Küche. Egal, was wir zubereiten, ob es um ein Schweinekotelett oder um Petit Fours im *Ursprung* geht, alles braucht Leidenschaft und immer auch einen eigenen, besonderen Twist, der wie eine persönliche Handschrift wirkt. Dabei inspirieren mich die Kindheitsgeschmäcker. Ich bin glücklicherweise mit guten Sinnen gesegnet und kann sehr gut Geschmacksbilder erzeugen. Das hat sicher mit meinem Aufwachsen zu tun, denn schon die Lieblingsgerichte meiner Kindheit waren typisch für die Region und aus einfachen Zutaten gekocht. Aber wie gut schmecken Spätzle, Linsen & Co. erst, wenn sie mit Liebe zubereitet sind! Diese Geschmäcker und die Natur um mich herum haben sich eingebrannt und meine heutige Philosophie stark beeinflusst.

Gleichzeitig geht es gerade im *Ursprung* auch um Perfektion, die mich immer wieder fasziniert, wenn ich unterwegs bin und sie erfahre. Es beeindruckt und berührt mich, Menschen zu erleben, die leidenschaftlich brennen für das, was sie tun. Wenn ich so etwas erlebe, dieses Können und die Perfektion bei gleichzeitiger Lässigkeit, dann fühle ich mich inspiriert und trage es weiter in meine Küche. So entstehen neue Ideen. Auch unser Team ruft immer die Losung aus »Wir stehen für Gastronomie einen Schritt weiter«, was so viel heißt, wie »Immer weitergehen, aber die Wurzeln nie verleugnen.«

Und zu dieser tief verwurzelten Maxime und Philosophie gehört eben auch die Herkunft der Produkte, die wir verwenden, auch privat, wenn wir für unsere Kinder einkaufen und kochen. Es muss auf allen Ebenen stimmen, zwischenmenschlich ebenso wie im Hinblick auf die Qualität. Deshalb pflege ich die Verbindungen mit meiner Umgebung und suche mir Partnerschaften mit Menschen, die so agieren und fühlen wie ich. Unsere Produzenten, ihre Philosophie und ihre Produkte prägen meine Küche stark und werden vielfältig und ganz unterschiedlich eingesetzt. Etwa das Rindfleisch von Manu Dauner, das wir für unsere Pastrami ebenso verwenden wie für eine schwäbische Bolognese oder in gereifter Form für einen Hauptgang im *Ursprung*. Die Ostalb mit ihren Menschen und Erzeugnissen ist die schönste Wurzel unseres Alb.styles.

Ein Abend im Ursprung

KAPITEL 02

Unsere *Ursprung*-Rezepte bilden eine Art kulinarische Reise. Sie sind die Protagonisten unseres Menüs und sollen unsere moderne schwäbische Alb.style-Küche und unsere Philosophie zeigen. Im Grunde wie eine Hommage an unsere Vesperwirtschaft und auch die Dorfmetzgerei, indem wir deren Produkte aus der Region und auch aus Annas Tiroler Heimat auf eine neue kreative Art in Szene setzen – feinsinnig und unabhängig. Der *Ursprung* ist Heimat, Wurzel und der moderne Ausdruck unserer Region.

Vorspeise für 4 Personen

Geräucherter Aal mit Roter Bete und Kartoffel

1 Bild auf der folgenden Doppelseite.

Zutaten

1 Aal mit Haut, küchenfertig
Salz

Für die Creme

150 g Sahne
50 g Rote-Bete-Saft
1 Blatt Gelatine

Für die Glasur

10 g Fischsoße
10 g Rübensirup
15 g Holunderessig
40 g Sake

Für die Chips

200 g Kartoffeln, mehlig kochend
Öl zum Frittieren

Außerdem

Rote-Bete-Pulver
Buchenholz oder Apfelholz zum Räuchern
frische Kräuter und Blüten
runder Ausstecher, 3–4 cm ø

Zubereitung

Den Aal 2 Stunden in 6-prozentigem Salzwasser beizen. Aus der Beize nehmen, trockentupfen und 30 Minuten heiß räuchern. Den Fisch filetieren, die Haut aufbewahren.

Für die Creme die Sahne in einen Topf geben, die Aalhaut einlegen und zum Kochen bringen. Vom Herd nehmen und etwa 1 Stunde ziehen lassen, danach durch ein Sieb passieren. Die Aal-Sahne und den Rote Bete-Saft in einen Topf geben und verrühren. Die Gelatine in kaltem Wasser einweichen, ausdrücken und zur Sahne-Saft-Mischung geben. Alles einmal aufkochen und abkühlen lassen. Danach gut durchrühren.

Für die Glasur alle Zutaten in einen Topf geben, zum Kochen bringen und sirupartig einköcheln lassen.

Für die Chips die Kartoffeln schälen und entsaften. Den Saft als dünne Schicht auf ein Backblech gießen, 10 Minuten im Kombidämpfer dämpfen, dann unter kaltem Wasser kurz abspülen. Aus dem Teig 4 Scheiben ausstechen und im leicht geöffneten Ofen bei 65–70 °C etwa 2 Stunden trocknen lassen. Das Öl in einem weiten Topf oder in einer Fritteuse auf 190 °C erhitzen und die Scheiben darin knusprig frittieren.

Den Aal in daumengroße Stücke schneiden, mit der Glasur bestreichen und mit einem Bunsenbrenner abflämmen. Die Kartoffelchips mit dem Rote-Bete-Pulver bestäuben. Etwas Creme auf die Chips geben, die Aalstücke daraufsetzen und mit den Blüten und Kräutern garniert servieren.

Frischkäse mit Malz und Kräutern

2 Bild auf der folgenden Doppelseite.

Zutaten

Für die Malztartelettes

150 g Mehl
80 g Butter + Butter für die Förmchen
38 ml Wasser
1 g Zucker
3 g Malz
1,5 g Salz

Für die Frischkäsemousse

38 g Sahne
45 g Frischkäse
25 g Schmand
10 g gehackte Kräuter
3,5 g Salz
1,5 g Zucker
1 Blatt Gelatine
25 g Eigelb

Für das grüne Gelee

200 g Saft von grüner Paprika und Spinat
10 g vegetarische Gelatine

Außerdem

frische Kräuter und Blüten
Mini-Tartelettefőrmchen, 3 cm ø
Silikon-Halbkugelbackform, 3 cm ø

Zubereitung

Den Backofen auf 170 °C Umluft vorheizen. Die Tartelettefőrmchen ausbuttern.

Für die Malztartelettes alle Zutaten zu einem Teig verkneten. Den Teig ausrollen, ausstechen und in die Förmchen drücken. Die Tartelettes etwa 6 Minuten backen. Abkühlen lassen und aus den Förmchen lösen.

Für die Mousse die Sahne steif schlagen und beiseitestellen. Frischkäse, Schmand, Kräuter, Salz und Zucker zusammen glattrühren. Die Gelatine in kaltem Wasser einweichen, ausdrücken und zusammen mit dem Eigelb in einem kleinen Topf erwärmen, bis die Gelatine gelöst ist. Das warme Eigelb in die Frischkäsemischung rühren und dann die Sahne gleichmäßig unterheben. Die Mousse in die Halbkugelförmchen füllen und für 4–5 Stunden in den Tiefkühler geben.

Für das Gelee den Gemüsesaft in einen Topf geben, die Gelatine einrühren und die Mischung bei mittlerer Hitze einmal aufkochen lassen. Anschließend auf Raumtemperatur abkühlen lassen.

Die gefrorene Mousse aus den Förmchen lösen, Zahnstocher als kleine Griffe einstechen. Die Mousse zweimal in das Gelee tauchen und dann absetzen. Nach ein paar Minuten den Zahnstocher vorsichtig herausziehen. Die überzogene Mousse-Halbkugeln auf die Tartelettes setzen und mit den Blüten und Kräutern garniert servieren.

Gebratene Pilze mit Eigelb und Bärlauch

Bild auf der rechten Seite 3

Zutaten

Für das Eigelb

20 g Salz
20 g Zucker
2 Eigelb

Für die Pilze

4 Limonenseitlinge
50 g Panko oder Toastbrotbrösel
3 EL Butter
Salz

Für den Pilzschaum

70 g Champignons, milchsauer eingelegt
35 g braune Butter
19 g Eigelb
5 g schwarzer Knoblauch
3 g Salz

Zubereitung

Für das gebeizte Eigelb das Salz und den Zucker vermengen. Die Hälfte davon in ein verschließbares Gefäß geben, die Eigelbe darauflegen und mit der restlichen Mischung bedecken. Zugedeckt für 2 Tage in den Kühlschrank stellen. Vor der Verwendung die Eigelbe herausnehmen, kurz kalt abspülen und vorsichtig trockentupfen.

Die Limonenseitlinge in einem Dämpfer 10 Minuten garen, herausnehmen und abkühlen lassen. Das Panko mit der Butter in einer Pfanne goldbraun rösten und salzen.

Für den Schaum alle Zutaten in einen Küchenmixer mit Hitzefunktion geben und unter Mixen auf 80 °C erhitzen. In einen Siphon füllen und warm stellen.

Die Limonenseitlinge in schäumender Butter anbraten und salzen. Auf Küchenpapier abtropfen lassen und mit dem gerösteten Panko bestreuen. Das Eigelb mit einer Küchenreibe fein darüberhobeln. Etwas vom Pilzschaum daraufspritzen und mit einer Blüte garniert servieren.

Unsere Vesper-Pâté mit Biersenf

Bild auf der rechten Seite 4

Zutaten

200 g Rindfleisch (Hüfte)
100 g Rinderleber
50 g Rinderherz
1 Zwiebel
1 EL Butter
150 ml Zwetschgenlikör
50 g Semmelbrösel
Öl
Salz

Außerdem

2 EL Biersenf (Rezept S. 157)
essbare Blüten

Zubereitung

Das Fleisch und die Hälfte der Leber durch den Wolf drehen. Restliche Leber und das Herz fein würfeln. Die Zwiebel abziehen und fein würfeln, 40 Gramm abwiegen und in der Butter anschwitzen. Mit dem Likör ablöschen und abkühlen lassen. Alle bisher vorbereiteten Zutaten gut vermengen, leicht salzen und in eine mit Klarsichtfolie ausgekleidete Form füllen. Abgedeckt bei 62 °C 1 Stunde im Ofen garen. Danach mit einem Gewicht beschwert abkühlen lassen.

Die Pâté in Würfel schneiden und in den Semmelbröseln wälzen. In Öl goldbraun frittieren und mit dem Senf und den Blüten garniert servieren.

1
2
3
4

Vorspeise für 4 Personen

Strammer Max vom Saibling

Zutaten

Für die Rolle

1 Saiblingsfilet
3 g Salz
3 g Zucker

Für den Sud

1 Salatgurke
4 g Holunderessig
5 g Fischsoße aus Saiblingskarkassen
1 g Zucker

Für den Eiweißschaum

85 g Eiweiß
32 g Butter
30 ml Milch
2 g Salz
10 g Zucker
20 ml reduzierter Weißwein

Außerdem

kleine runde Brotchips
eingelegte Schalottenringe
Fenchelsamenpulver
Wildkräuter

Zubereitung

Das Saiblingsfilet mit Salz und Zucker einreiben und 20 Minuten beizen, dann unter kaltem Wasser abspülen und trockentupfen. Danach der Länge nach halbieren, die Hälften aufeinanderlegen und mit Klarsichtfolie fest einwickeln. Die Rolle in einen Topf geben und mit 60 °C heißem Wasser übergießen. Darin auskühlen lassen. Vor dem Servieren die Folie entfernen und die Filets in vier Scheiben schneiden.

Für den Sud die Gurke schälen, ein paar feine Streifen für die Garnitur abschneiden und beiseitelegen. Die restliche Gurke und die Schale entsaften. Vom Saft 30 ml abmessen, mit den restlichen Zutaten verrühren und kaltstellen.

Für den Schaum alle Zutaten in einen Küchenmixer mit Hitzefunktion geben und unter Mixen auf 75 °C Grad erhitzen. In einen Siphon füllen und mit zwei Kapseln begasen.

Zum Anrichten je eine Scheibe Saibling auf die Teller legen, die Gurkenstreifen rundum anrichten und den Sud angießen. Je einen Brotchip und einen Schalottenring auf den Fisch geben. Etwas Schaum daraufspritzen und mit einem Bunsenbrenner leicht abflämmen. Mit Fenchelsamenpulver bestreuen und mit den Kräutern garnieren.

Vorspeise für 4 Personen

Seeforelle mit Kopfsalat

Zutaten

1 Seeforelle
750 ml Weißwein, trocken
50 g Salz
50 g Zucker
1 Kopfsalat
1 EL Butter, geklärt

Für die Fisch-Pickle

50 g Fischsoße
25 g Zucker
75 g Holunderessig

Für die Kopfsalatsoße

30 ml entsafteter Kopfsalat
4 g Holunderessig
5 g Fischsoße
1 g Zucker

Für den Mohn

30 g Blaumohn
60 g Kombucha

Außerdem

Alblinsen Miso-Paste
Dillöl
Meerrettich
Dill
Kapuzinerkresseblättchen

Zubereitung

Den Backofen auf 180 °C Umluft vorheizen. Den Fisch filetieren. Die Karkassen im Ofen rösten, mit dem Weißwein in einen Topf geben und 1 Stunde köcheln lassen. Den Fond passieren und sirupartig einkochen dabei das Fett abschöpfen. Dann abkühlen lassen.

Die Filets mit Salz und Zucker einreiben und 10 Minuten beizen, dann gut abspülen und trockentupfen. Die Zutaten für die Fisch-Pickle verrühren. Die Filets 5 Minuten darin einlegen, danach erneut trockentupfen.

Das Salatherz herauslösen, 2 äußere Blätter beiseitelegen, den Rest entsaften. Das Herz in geklärter Butter anbraten, mit etwas Saft ablöschen, dann in daumengroße Stücke schneiden. Den restlichen Saft für die Kopfsalatsoße mit allen Zutaten verrühren.

Den Mohn mit der Kombucha in einen Topf geben, bei mittlerer Hitze die Flüssigkeit fast vollständig verkochen lassen.

Mit einem Pinsel etwas Miso-Paste in die Mitte der Teller streichen. Darauf den geschmorten Kopfsalat und ein paar frische Salatblätter geben. Die Forellenfilets tranchieren, mit dem Fond glasieren und auf den Salat setzen. Etwas Mohnmischung darauf verteilen. Mit Dillöl beträufeln und Meerrettich darüberreiben. Mit den Kräutern garnieren und die Kopfsalatsoße angießen.

Hauptspeise für 4 Personen

Tiroler Alpengarnele und Stör mit Tomate und Pfirsich

Zutaten

4 getrocknete Tomaten
100 ml Pflaumensaft
100 g milchsauer eingelegte Pfirsiche
1 g Safran
12 Alpengarnelen
300 ml Öl
1 TL Salzpflaumenpaste
500 g Tomaten
100 g Pfirsiche
2 Eiweiß
100 g Störfilet
2 EL Öl
Salz

Für die Mayonnaise

1 Eigelb
½ TL Salz
1 EL Holunderessig
250 g Garnelenöl

Für den Tempurateig

50 g Mehl
50 g Stärke
60 g Wasser
10 g Backpulver
Öl zum Frittieren
1 EL Senf- oder Korianderblätter, gehackt

Außerdem

Rucolaöl
Dillblüten

Zubereitung

Die getrockneten Tomaten mit dem Pflaumensaft übergießen und über Nacht rehydrieren lassen. Am nächsten Tag halbieren.

Die milchsauren Pfirsiche mit dem Safran einkochen, bis eine Art Konfitüre entsteht. Diese mit dem Stabmixer pürieren und abkühlen lassen.

Die Garnelen von den Köpfen und den Schalen befreien, dabei an 4 Garnelen die Schale am letzten Schwanzsegment belassen. Den Darm entfernen. Ein 6-prozentiges Salzwasser vorbereiten und die Garnelen darin 10 Minuten beizen, herausnehmen und trockentupfen.

Die Schalen und die Köpfe in einen Topf geben, mit Öl bedecken und langsam erhitzen. Leise köcheln lassen, bis die Schalen rosa sind und das Öl duftet. Das Garnelenöl durch ein feines Sieb passieren.

Die Garnelen mit der Schale am Schwanzsegment beiseitelegen. Die restlichen Garnelen fein hacken und mit der Salzpflaumenpaste vermischen. Aus der Masse mit zwei Teelöffeln 8 kleine Nocken formen.

Für die Mayonnaise das Eigelb mit dem Salz und dem Essig aufschlagen, dann mit einem Schneebesen weiterschlagen und das Garnelenöl nach und nach hineinträufeln, bis eine Mayonnaise entsteht.

Die Tomaten und die Pfirsiche mit einem Stabmixer pürieren und das Püree durch ein Passiertuch abtropfen lassen.

Einen Teil der Tomaten-Pfirsich-Masse mit dem Eiweiß verrühren, dies in den Saft rühren und bei niedriger Hitze langsam zum Kochen bringen. Sobald sich an der Oberfläche ein Klärkuchen gebildet hat, diesen vorsichtig abschöpfen und den klaren Fond nochmals durch ein Tuch passieren. Mit Salz abschmecken und warmstellen.

Für den Tempurateig alle Zutaten (bis auf die Kräuter) verrühren. Das Öl in einem weiten Topf oder einer Fritteuse auf 170 °C erhitzen und dann den Teig hineintropfen lassen. Goldbraun frittieren, herausnehmen und auf Küchenpapier abtropfen lassen. Den Teig etwas zerbröseln und mit den Kräutern vermischen.

Den Stör 2 Stunden in 6-prozentigem Salzwasser beizen, trockentupfen und in dünne Scheiben schneiden. Das restliche Garnelenöl auf 50 °C erhitzen, die Störtranchen hineinlegen und gar ziehen lassen.

In tiefen Tellern je zwei Garnelennocken, zwei Störscheiben und etwas von den getrockneten Tomaten anrichten. Vereinzelt Punkte der Pfirsichkonfitüre daraufsetzen und mit Rucolaöl und Dillblüten garnieren. Den Tomaten-Pfirsich-Fond angießen.

Die Garnelen in Öl scharf anbraten, mit der Mayonnaise bestreichen und in den Tempurabröseln wälzen. Mit Mayonnaise und Dillblüten garniert servieren.

Hauptspeise für 4 Personen

Schweinebauch mit Krautspätzle und Alblinsen

Zutaten

Für die Schweinebauchrollen

300 g Schweinebauch mit Schwarte
1 l Kalbsfond
2 Lorbeerblätter
1 TL Wacholderbeeren
200 ml Frittieröl
8 EL Sauerkraut
8 EL Spätzle (Rezept S. 209)
Salz

Für die Linsen

120 g Alblinsen
2 EL Rotweinessig
2 EL Honig
2 EL Gemüsebrühe

Für die Zwiebelschmelze

1 Gemüsezwiebel
1 EL Butter

Außerdem

2 EL Miso-Mayonnaise (Rezept S. 157)
Wildkräuter und -blüten

Zubereitung

Den Schweinebauch unter fließend kaltem Wasser abspülen und trockentupfen, rundum salzen.

Den Kalbsfond mit Lorbeer und Wacholder in einen Topf geben, den Schweinebauch einlegen und alles zum Kochen bringen. Die Hitze reduzieren und etwa 2 Stunden köcheln lassen, bis das Fleisch zart ist. Aus dem Fond nehmen, abkühlen lassen und fest in Frischhaltefolie wickeln. Über Nacht in den Kühlschrank legen.

Den Fond auf mittlerer Hitze zu einer sirupartigen Soße einreduzieren. Den Backofen auf 80 °C Umluft vorheizen.

Die Schwarte vom gekochten Schweinebauch abschneiden und von Fettresten befreien. Auf einen Grillrost legen und im Ofen etwa 2 Stunden trocknen. Das Frittieröl in einem weiten Topf oder in der Fritteuse auf 190 °C erhitzen und die getrocknete Haut darin knusprig frittieren. Auf Küchenpapier abtropfen lassen.

Den kalten Schweinbauch in dünne Scheiben schneiden. Diese auf einem Stück Frischhaltefolie auslegen, sodass die Scheiben einander überlappen. Sauerkraut und kalte Spätzle miteinander vermischen und gleichmäßig auf den Schweinebauchscheiben verteilen. Mithilfe der Folie alles zu einer festen Rolle wickeln und kaltstellen.

Die Linsen in leicht gesalzenem Wasser bissfest garen, abgießen und mit Essig, Honig und der Gemüsebrühe vermischen, beiseitestellen.

Die Zwiebel abziehen und fein würfeln. Die Butter in einer Pfanne erhitzen und die Zwiebelwürfel mit etwas Salz langsam zu einer Zwiebelschmelze karamellisieren.

Die Schweinebauchrolle aus der Folie nehmen und vorsichtig in 4 gleich große Stücke schneiden. Die Rollen mit dem reduzierten Kochfond glasieren und warm stellen.

Etwas von der Zwiebelschmelze auf vorgewärmte Teller geben, je eine warme Schweinebauchrolle daraufsetzen. Mit etwas Miso-Mayonnaise bestreichen und mit der knusprigen Schweinehaut und den Wildkräutern und -blüten garnieren. Die Linsen und etwas von ihrem Einlegefond um die Rollen herum verteilen.

Hauptspeise für 4 Personen

Petersilienwurzel mit Quitte und Rahm

Zutaten

Für die Eiscreme

Fond
250 ml Riesling, trocken
150 ml Geflügelfond
100 ml Apfelsaft
2 Schalotten
3 Pfefferkörner, weiß
½ Bund Kerbel
½ Bund Estragon

Fertigstellung:

2 Blatt Gelatine
200 g Eigelb
60 g Sahne
200 g Butter
Salz

Für die Petersilienwurzelchips

1 große Petersilienwurzel

Für das Petersilienöl

200 ml Rapsöl
1 Bund Petersilie
10 g Spinat

Für das Petersilienpüree

2 Bund Petersilie
100 g Spinat
50 ml Gemüsefond
50 g Butter

Für das Quittenkompott

5 Quitten
2 Schalotten
50 g Butter
1 EL Zuckerrübensirup
1 Lorbeerblatt
1 Stängel Thymian
500 ml Birnensaft

Für die Gemüserosen

10 Petersilienwurzeln
200 g Butter, geklärt
4 eingelegte Quitten (Rezept S. 219)

Für die Beurre blanc

200 ml Quittensaft
50 ml Quittenessig
200 g Butter

Außerdem

20 Petersilienblätter
Anrichtering, ca. 8 cm ø

Zubereitung

Für die Eiscreme alle Zutaten für den Fond in einen Topf geben und aufkochen.

Auf der nächsten Seite geht es weiter.

Die Hitze reduzieren und die Mischung etwa 20 Minuten ziehen lassen, anschließend passieren. Die Flüssigkeit wieder in den Topf geben und auf 450 ml reduzieren, kaltstellen.

Die Gelatine in kaltem Wasser einweichen. Eigelb und 50 Gramm Sahne über einem Wasserbad cremig aufschlagen. Gelatine gut ausdrücken und in der restlichen Sahne erhitzen, bis sie sich vollständig aufgelöst hat. Zusammen mit dem Fond in die Sahne-Ei-Creme einrühren. Dann die Butter nach und nach unterrühren und mit Salz abschmecken. Alles in einer Eismaschine gefrieren.

Für die Petersilienwurzelchips den Backofen auf 90 °C Umluft vorheizen. Ein Backblech mit Backpapier auslegen. Petersilienwurzel putzen und fein hobeln. Die Scheiben nebeneinander auf das Backblech legen, leicht salzen und im leicht geöffneten Ofen etwa 30 Minuten trocknen. Danach die Temperatur auf 80 °C reduzieren und weitere 20 Minuten trocknen.

Für das Petersilienöl alle Zutaten mit einer Prise Salz in eine Küchenmaschine mit Kochfunktion geben und bei 60 °C etwa 10 Minuten unter Rühren erhitzen. Anschließend passieren, in einen Plastikbeutel füllen und diesen an einer Ecke aufhängen, damit sich das Öl oben absetzen kann. Das dauert etwa einen Tag. Dann den Beutel unten vorsichtig aufschneiden und das trübe »Wasser« abfließen lassen, das klare grüne Öl in ein Glas füllen.

Für das Petersilienpüree die Petersilie und den Spinat putzen und waschen. Beides grob hacken und in kochendem Salzwasser ganz kurz blanchieren. Anschließend in Eiswasser abschrecken und gut ausdrücken. Mit dem Gemüsefond in einen Messbecher geben und mit dem Stabmixer fein pürieren. Die Butter in kleine Würfel schneiden und nach und nach untermixen. Mit Salz abschmecken.

Für das Kompott die Quitten schälen, vom Kernhaus befreien und das Fruchtfleisch in kleine Würfel schneiden. Diese sofort in kaltes Wasser legen, damit sie nicht braun werden – Quitten oxidieren sehr schnell! Die Schalotten abziehen und fein würfeln. Die Butter in einem Topf erhitzen, die Schalotten darin anschwitzen, den Zuckerrübensirup zugeben und leicht karamellisieren lassen. Dann die Quittenwürfel und die Kräuter zugeben und kurz mit anschwitzen. Mit dem Birnensaft aufgießen und köcheln lassen, bis die Quittenstücke bissfest sind. Mit Salz abschmecken.

Für die Gemüserosen die Petersilienwurzeln waschen und in eine ofenfeste Form legen. Die geklärte Butter erwärmen und darübergießen, leicht salzen. Im Ofen weich schmoren und abkühlen lassen. Anschließend der Länge nach in dünne Scheiben schneiden. Die eingelegten Quitten ebenfalls in längliche Scheiben schneiden. Mithilfe eines Anrichteringes aus den Petersilienwurzel- und Quittenscheiben eine Rose mittig auf die Teller setzen.

Für die Beurre Blanc den Quittensaft und den Essig in einen Topf geben und auf etwa ein Drittel reduzieren. Die Butter in kleine Würfel schneiden. Mit einem Schneebesen nach und nach einrühren, bis eine gebundene Buttersoße entsteht. Dabei auf gleichbleibende Temperatur der Masse achten. Mit Salz abschmecken.

Die Teller mit den Gemüserosen temperieren. In die Mitte jeder Rose etwas vom Petersilienpüree geben und darauf etwas Quittenkompott. Mit Petersilienblättchen und Petersilienwurzelchips garnieren. Außen die Beurre Blanc angießen und Tupfen aus Petersilienöl daraufsetzen. Jeweils eine Nocke Eis in die Mitte setzen und sofort servieren.

Hauptspeise für 4 Personen

Ostalb Lamm mit Paprika und Dinkelino

Zutaten

Für das Lamm

1 Lammschulter mit Knochen (ca. 1,2 kg)
400 g Wurzelgemüse
2 EL Öl
2 Knoblauchzehen
1 Stängel Thymian
Salz

Für die gefüllten Spitzpaprika

4 Spitzpaprika

Für die Füllung

1 Zwiebel
2 EL Öl
200 g Dinkelino
100 ml Weißwein, trocken
250 ml Geflügelfond
1 EL Thymian, gehackt
schwarzer Pfeffer, frisch gemahlen
250 g Lammbacken, gepökelt und gekocht
250 g Lammzunge, gepökelt und gekocht

Für den Paprikasaft

1 kg rote Paprika
2 Stängel Kerbel
2 Stängel Bohnenkraut
2 Stängel Majoran
1 Prise Zucker

Außerdem

Dinkel, gepufft
Schalottenringe, frittiert
Wildkräuter
essbare Wildblüten

Zubereitung

Den Backofen auf 160 °C Umluft vorheizen.

Die Lammschulter unter fließend kaltem Wasser abspülen und trockentupfen.

Das Wurzelgemüse in grobe Stücke schneiden und in einem schweren großen Topf in etwas Öl anrösten. Anschließend in einen großen Bräter umfüllen.

Die Lammschulter im gleichen Topf von allen Seiten kräftig anbraten. Das Fleisch herausnehmen und auf das Gemüse im Bräter legen, leicht salzen. Im Ofen bei 160 °C etwa 2 Stunden garen. Das Fleisch ist fertig, wenn sich der Schulterknochen leicht herauslösen lässt.

Die Knoblauchzehen abziehen und zusammen mit dem Thymianstängel auf das Fleisch legen und abgedeckt ruhen lassen.

Auf der nächsten Seite geht es weiter.

Für die gefüllten Spitzpaprika die Schoten mit einem Bunsenbrenner oder über dem Holkohlegrill rösten, bis die Haut schwarz wird. Anschließend in Eiswasser legen. Danach die Haut abziehen und die Stielansätze entfernen. Die Spitzen der Schoten auf etwa 6 cm Länge abschneiden, warmstellen. Das restliche Fruchtfleisch fein hacken.

Für die Füllung die Zwiebel abziehen und fein hacken. Das Öl in einem Topf erhitzen, die Zwiebelwürfel darin unter Rühren anschwitzen, den Dinkelino zugeben, ebenfalls kurz anschwitzen. Mit dem Weißwein ablöschen und diesen vollständig verdampfen lassen. Danach mit Gemüsefond aufgießen, das gehackte Paprikafruchtfleisch einrühren und wie ein Risotto fertigkochen. Mit dem Thymian, Salz und Pfeffer abschmecken.

Das Backen- und Zungenfleisch klein würfeln. Die Hälfte davon unter das Risotto heben. Dann die Masse in die Paprikaspitzen füllen und erneut warmstellen.

Die restlichen Fleischwürfelchen in einem kleinen Topf leicht erwärmen.

Die roten Paprikaschoten waschen, die Stielansätze und die Kerne entfernen und das Fruchtfleisch entsaften. Die Kräuter von den Stängeln zupfen und die Blättchen fein hacken. Den Paprikasaft mit Salz und Zucker abschmecken und die gehackten Kräuter einrühren, warmstellen.

Vor dem Servieren den Backofen auf 220 °C Oberhitze stellen.

Die Lammschulter mit dem ausgetretenen Fett bepinseln, kurz im Ofen bräunen und nochmals leicht salzen.

Den Knochen herauslösen, das Fleisch mit der Kruste in schöne Stücke schneiden und auf vorgewärmte Teller setzen. Die gefüllten Paprikaspitzen daneben anrichten und mit etwas Paprikasaft bepinseln. Mit den gepufften Dinkelkörnern, den Schalottenringen sowie den Wildkräutern und -blüten garnieren. Die kleinen Fleischwürfel neben den Lammfleischstücken anrichten und erst am Tisch etwas lauwarmen Paprikasaft darüber geben.

Hauptspeise für 4 Personen

Rind mit Mangold, Pilzen und Blaubeeren

Zutaten

Für das Fleisch

500 g Rindernacken
2 EL Öl
400 ml Kalbsfond
4 große Mangoldblätter
250 g Rinderfilet
300 ml Kalbsjus

Für die »Hollandaise«

85 g Butter
45 g Rinderfett
65 g Eigelb
50 g Vollei
10 g Senf
3 g Salz
3 g Sherryessig
3 g Kalbsjus

Für die Pilze in Vinaigrette

200 g Champignons
200 ml Öl
3 EL Lake von milchsauer eingelegten Champignons
Salz

Für das Selleriepüree

2 Schalotten
50 g Butter
1 Knollensellerie
200 ml Apfelsaft
Salz

Für die Blaubeerkonfitüre

250 g milchsauer eingelegte Blaubeeren
40 g Gelierzucker

Außerdem

2 süßsauer eingelegte Austernpilze
Wildkräuter
essbare Wildblüten
½ Apfel, in feinen Scheibchen

Zubereitung

Den Rindernacken halbieren und leicht salzen. In einem schweren Topf das Öl erhitzen und das Fleisch darin scharf anbraten. Mit dem Kalbsfond ablöschen und bei geringer Hitze etwa 2 Stunden schmoren, bis das Fleisch zart ist, aber nicht zerfällt. An diesem Punkt ein Fleischstück herausnehmen, abkühlen lassen und anschließend in 4 gleich große Stücke schneiden. Das andere weiterschmoren, bis man es mit einer Gabel leicht auseinanderzupfen kann.

Für die Hollandaise die Butter und das Rinderfett in einem Topf auf 85 °C erhitzen. Alle anderen Zutaten in einen Messbecher füllen und mit einem Stabmixer mixen. Dann die heiße Fettmischung langsam untermixen, bis eine Emulsion entsteht. Diese »Hollandaise« in einen Siphon geben und mit einer Kapsel begasen. Den Siphon bei 70 °C im Wasserbad warmstellen.

Auf der nächsten Seite geht es weiter.

Die Champignons vierteln und mit dem Öl in einen Topf geben. Kalt aufsetzen und langsam erhitzen. So lange köcheln lassen, bis die Pilze ihre Flüssigkeit komplett verloren haben. Das entstandene Champignonöl durch ein feines Sieb gießen, die Pilze auf Küchenpapier abtropfen lassen.

Für die Vinaigrette die milchsaure Champignonlake mit 1 Esslöffel des Champignonöls verrühren, mit Salz abschmecken, beiseitestellen.

Für das Selleriepüree die Schalotten abziehen, in grobe Ringe schneiden und in der Butter glasig anschwitzen. Den Sellerie schälen und in daumengroße Stücke schneiden, zu den Schalotten geben und ebenfalls kurz anschwitzen. Mit dem Apfelsaft aufgießen und köcheln lassen, bis alles weich gekocht ist. Dann mit einem Stabmixer glatt pürieren und mit Salz abschmecken.

Für die Blaubeerkonfitüre die eingelegten Blaubeeren mit dem Gelierzucker zum Kochen bringen, etwa 5 Minuten köcheln lassen. Von der Hitze nehmen und abkühlen lassen.

Die Mangoldblätter in kochendem Salzwasser blanchieren, in Eiswasser abschrecken und trocken tupfen. Auf jedes Blatt etwa 2 Esslöffel des gezupften Rindernackens geben, fest einrollen und warm stellen.

Das Rinderfilet salzen, scharf anbraten und im Ofen gar ziehen lassen, bis es eine Kerntemperatur von 50 °C hat. Die Kalbsjus in einem Topf erwärmen und etwas reduzieren lassen.

Die eingelegten Austernpilze in Streifen schneiden.

Je eine Mangoldrolle auf einen vorgewärmten Teller legen, etwas von der Blaubeerkonfitüre danebensetzen. Die Pilz-Vinaigrette darüberträufeln und die Austernpilzstreifen, die Wildkräuter und -blüten auf den Rollen verteilen.

Das Filet in Scheiben schneiden, je eine Tranche neben die Mangoldrolle legen und etwas Kalbsjus angießen. Etwas Selleriepüree daneben anrichten und mit Apfelscheiben garnieren.

Die portionierten Nackenstücke in der restlichen Kalbsjus langsam erwärmen. Auf kleine, vorgewärmte Teller etwas von der »Hollandaise« geben, die Nackenstücke daraufsetzen und mit den Champignons garniert servieren.

Mein Tipp

Unserem Selbstverständnis folgend verarbeiten wir im *Ursprung* nur ganze Tiere. Um die Wertigkeit der oft nicht so beachteten Teile eines Tieres zu steigern, richten wir diese gern separat auf einem Teller als »Side Dish« an. Erstens, um das gesamte Gericht facettenreicher zu machen, und zweitens, um dem besonderen Stück eine Bühne zu geben.

Apfel-Creme-Schnitte mit grünem Wacholder

Bild auf der rechten Seite 1

Zutaten

2 Eier
15 g Mehl
10 g Stärke
30 g Zucker

Für die Creme

3 Blatt Gelatine
25 g Apfelsaft
60 g grüner Wacholdersirup
2 Eigelb
150 g Frischkäse

Für die marinierten Äpfel

200 ml Wasser
1 EL frische Wacholderbeeren
50 g Zucker
1 Apfel

Zubereitung

Den Backofen auf 150 °C Umluft vorheizen. Ein Backblech mit Backpapier auslegen.

Für den Biskuit die Eier trennen und die Eiweiße zu Eischnee schlagen.

Das Mehl mit der Stärke, dem Zucker und den Eigelben in einer Küchenmaschine zu einem homogenen Teig verrühren. Dann das Eiweiß vorsichtig unter den Teig heben. Die Biskuitmasse etwa 2 Zentimeter dick auf das vorbereitete Backblech streichen und 10 Minuten backen. Herausnehmen und den Teig auf einem Kuchengitter abkühlen lassen.

Für die Creme die Gelatine in kaltem Wasser einweichen. Den Apfelsaft, den Wacholdersirup und die Eigelbe in einem Topf gut verrühren. Den Topf auf mittlere Hitze stellen und die Masse unter Rühren langsam auf 80 °C erhitzen. Die Gelatine dazugeben und gut einrühren. Auf Raumtemperatur abkühlen lassen und dann den Frischkäse mit einem Schneebesen einrühren.

Den Biskuit waagerecht halbieren und die Ränder gerade schneiden. Die Creme gleichmäßig auf einer der Teigplatten verstreichen, die andere darauflegen. Mit Frischhaltefolie abdecken und etwa 2 Stunden in den Tiefkühler stellen. Dann lässt sich der Kuchen besser in kleine Stücke schneiden.

Für die marinierten Äpfel das Wasser in einen Topf geben und mit den Wacholderbeeren und dem Zucker einmal aufkochen. Von der Hitze nehmen und 2 Stunden ziehen lassen. Den Sud abseihen und anschließend auf die Hälfte einkochen lassen. Den Apfel in feine Streifen schneiden und mit dem Wacholdersirup vermengen.

Den Kuchen in kleine Schnittchen schneiden und mit den marinierten Apfelstreifen garniert servieren.

1
2
3

Süße Knöpfle gefüllt mit Pflaumen

Bild auf der vorherigen Doppelseite 2

Zutaten

Für den Hefeteig

250 g Mehl
1 g Salz
30 g Zucker
35 g Butter
100 ml Milch
1 Ei
8 g frische Hefe

Für die Streusel

100 g Mehl
50 g Butter
50 g Zucker

Für die Füllung

200 g frische Pflaumen
10 g Butter
10 g Zucker

Außerdem

2 EL geklärte Butter
runder Ausstecher, 4 cm ø

Zubereitung

Den Backofen auf 160 °C Umluft vorheizen. Ein Backblech mit Backpapier auslegen.

Für den Hefeteig alle Zutaten in einer Küchenmaschine auf niedriger Stufe 5 Minuten kneten. Den Teig zugedeckt an einem warmen Ort etwa 1 Stunde gehen lassen.

Für die Streusel alle Zutaten mit den Händen rasch zu einem krümeligen Teig verreiben. Auf das vorbereitete Backblech streuen und etwa 15 Minuten goldbraun backen. Aus dem Ofen nehmen und abkühlen lassen.

Für die Füllung die Pflaumen entsteinen. Die Butter in einem Topf schmelzen, die Pflaumen und den Zucker zugeben und unter Rühren zu einer dickflüssigen Konfitüre einkochen. Abkühlen lassen, mit dem Stabmixer glatt pürieren und kaltstellen.

Den Hefeteig ca. 1,5 Zentimeter dick ausrollen und Kreise ausstechen. In die Mitte der Teigkreise etwas von der Füllung geben und den Teig zu Kugeln formen. Dabei darauf achten, dass der Teig die Füllung vollständig umschließt. Die Kugeln auf ein bemehltes Brett legen und mit einem Geschirrtuch abgedeckt 1 Stunde gehen lassen.

Einen Topf mit Dämpfeinsatz vorbereiten oder den Backofen auf Dampfgaren stellen und die Teigbällchen bei 90 °C etwa 10 Minuten dämpfen.

Die Knöpfle auf vorgewärmten Tellern anrichten, mit geklärter Butter bepinseln und die Streusel darüberstreuen.

Dessert für 4 Personen

Gurkengranita mit Joghurt und Sake

Bild auf der vorherigen Doppelseite 3

Zutaten

Für den Joghurt

200 g Naturjoghurt (3,8 % Fett)
10 g Rübensirup

Für die Granita

2 Blatt Gelatine
50 ml Sake
100 ml Holunderessig
38 g Zucker
220 ml Gurkensaft

Außerdem

1 kleine Gurke
frische Kräuter

Zubereitung

Den Joghurt in ein Käseleinen binden und über Nacht die Molke abtropfen lassen. Den abgetropften Joghurt mit dem Rübensirup glatt rühren.

Für die Granita die Gelatine in kaltem Wasser einweichen. Den Sake mit dem Essig und dem Zucker kurz aufkochen und die eingeweichte Gelatine einrühren. Die Flüssigkeit auf Raumtemperatur abkühlen lassen und dann den Gurkensaft einrühren. In einen flachen Behälter gießen und für 4 Stunden einfrieren.

Die Gurke längs halbieren, von den Kernen befreien und das Fruchtfleisch in kleine Würfelchen schneiden.

Zum Anrichten je einen Klecks Joghurt in ein kleines Schälchen geben und mit Gurkenwürfeln bestreuen. Die Granita aus dem Tiefkühler nehmen, mithilfe einer Gabel etwas davon abkratzen und daraufsetzen. Sofort servieren.

Dessert für 4 Personen

Kirsche mit Radicchio, Malz und Mädesüß

Zutaten

Für den Malzkuchen

125 g Zucker
115 g Öl
50 g Malz
2 Eier
125 ml Milch
100 g Mehl
125 ml Sauerkirschsaft
1 g Salz
5 g Natron

Für das Kirschholzeis

50 g Kischholzchips
350 ml Milch
120 g Zucker
200 g Sahne
6 Eigelb

Für die eingelegten Kirschen

200 ml Sauerkirschsaft
50 ml Mädesüßsirup
20 Kirschen, entsteint
150 g Zucker

Für die Radicchiocreme

1 Kopf Radicchio
1 EL Rotweinessig
200 ml Milch
50 g Eigelb
30 g Stärke
10 ml Rote-Bete-Saft

Außerdem

Minzeblättchen
Veilchenblüten
Kuchenförmchen, ca. 8 cm ø

Zubereitung

Den Backofen auf 160 °C Umluft vorheizen.

Für die Malzküchlein alle Zutaten in einer Küchenmaschine zu einem homogenen, leicht flüssigen Teig verrühren. Diesen in die vorbereiteten Förmchen füllen und 15–20 Minuten backen. Die Küchlein aus dem Ofen nehmen und in den Formen abkühlen lassen.

Den Backofen auf 200 °C hochschalten.

Für das Eis die Kirschholzchips 10 Minuten in den vorgeheizten Ofen legen, bis sie dunkelbraun geröstet sind und duften.

Die gerösteten Chips zusammen mit der Milch in einen Topf geben und bei mittlerer Hitze einmal aufkochen lassen. Von der Hitze nehmen und mindestens 1 Stunde ziehen lassen.

Auf der nächsten Seite geht es weiter.

Danach die Kirschholzmilch durch ein feines Sieb gießen. Mit den restlichen Zutaten in einen Küchenmixer mit Hitzefunktion geben und unter Mixen auf 80 °C erhitzen. Anschließend gut abkühlen lassen und in einer Eismaschine cremig gefrieren.

Für die eingelegten Kirschen den Sauerkirschsaft mit dem Mädesüßsirup verrühren und die Kirschen über Nacht darin einlegen.

Am nächsten Tag die Kirschen durch ein Sieb abgießen, abtropfen lassen und beiseitestellen. Den Saft auffangen und mit dem Zucker unter Rühren sirupartig einkochen, dann ebenfalls beiseitestellen.

Für die Radicchiocreme den Salatkopf in daumengroße Stücke schneiden. Dabei ein paar schöne Blätter für die Garnitur zur Seite legen.

Den kleingeschnittenen Radicchio in Essigwasser kurz blanchieren und in Eiswasser abschrecken. Durch ein Sieb abgießen und die Salatblätter gut ausdrücken, anschließend mit dem Stabmixer pürieren. Vom Püree 30 Gramm abwiegen und in einem Topf mit der Milch und den Eigelben unter Rühren auf 80 °C erhitzen.

Die Stärke in dem Rote-Bete-Saft auflösen und in das Püree rühren. Die Creme unter Rühren einmal aufkochen lassen, bis sich die Stärke gelöst hat. Abkühlen lassen und in einen Spritzbeutel mit großer Tülle füllen.

Zum Anrichten je einen Malzkuchen auf einen Teller geben. Die eingelegten Kirschen und die Radicchiocreme in Tupfen um die Kuchen herum verteilen. Je eine Nocke Kirschholzeis auf die Kuchen setzen und den Kirschsirup dekorativ darüberträufeln. Mit kleingezupften Radicchioblättern, der Minze und den Blüten garniert servieren.

Die Hüter der Bienen

IMKER HELENA UND CLAUS FÄHNLE

Die Bienen sind ihr Volk und ihnen gehört ihre ganze Leidenschaft. Eine Berufung, die in einer Zeit, in der immer mehr Bienenvölker bedroht sind, kaum wichtiger sein könnte. Helena und Claus Fähnle haben eine einzigartige Verbindung zu diesen fleißigen Tieren, die sie unter strengen biologischen Regeln hegen und pflegen.

Die Zertifizierung als Imkereifachbetrieb zeigt einmal mehr, mit welchem Wissen Helena und ihr Mann Claus ihren Betrieb führen. Als Teil der Zanger Dorfgemeinschaft bilden sie mit allen anderen Produzenten unsere regionale DNA. Ich genieße den Austausch mit den beiden sehr. Sie sind immer warm und herzlich und man versteht sehr schnell, was Honig zu einem so besonderen Produkt macht. Der Umgang mit den Tieren, diese Überzeugung und das Ergebnis, dem man heilende Kräfte nachsagt – all das übt eine große Faszination aus.

Zwölf verschiedene regionale Honige in verschiedenen Geschmacksrichtungen entstehen in Fähnles Imkerei. Nur reifer Honig wird geerntet und nach Trachtende werden die Tiere nach streng biologischen Richtlinien gepflegt, sodass Wachs und Honig keinerlei Rückstände aufweisen. Auch die Blütenpollen, Propolis und Bienenwachs werden ausschließlich von gesunden, biologisch gehaltenen Bienenvölkern bezogen, was sich der Betrieb durch eine unabhängige Bio-Kontrollstelle bestätigen lässt.

Auch unser eigener Chalet-Honig, der von unserer angrenzenden Streuobstwiese stammt, entsteht unter diesen strengen Auflagen. Die Qualität ist nicht zu überbieten und in jedem Gespräch mit den Fähnles lerne ich mehr über diese eigene Welt, die man verstehen muss. Ich bin sehr dankbar für diese schöne, gewachsene Zusammenarbeit, die nicht nur von Wissen, sondern auch von großem Spaß und einer tiefen Verlässlichkeit geprägt ist.

Meine Familie

WURZELN SIND ALLES

Die Geschichte der Widmanns ist eine lange – 250 Jahre, sagen die verschiedenen Stammbäume. Ich gehöre der neunten Generation an und führe das Lebenswerk meiner Eltern fort. Sie waren im Grunde die Ersten, die aus der Vollgastronomie kamen, denn davor lag der Schwerpunkt eher auf der Landwirtschaft. Meine Eltern haben den *Löwen* entwickelt und zu einem gastronomischen Knotenpunkt in dieser Region gemacht.

Landgasthof Löwen

Früher war es eine Dorfwirtschaft, die meine Großeltern im kleinen Rahmen betrieben und behutsam ausgebaut haben. Nach dem Tod meines Onkels hat mein Vater gemeinsam mit meiner Mutter den *Löwen* 1987 übernommen und sehr schnell zu einem der Häuser der Region entwickelt. Das war nur mit unglaublichem Engagement möglich, verbunden mit großer Disziplin und ihrer tiefen Überzeugung, etwas Großes entstehen zu lassen.

Mein Vater war einer der Gastronomen der Region, der sich stark in vielen Gremien und Ausschüssen eingebracht hat, um wichtige Dinge voranzutreiben. Bis 2015 war er Koch und Patron, meine Mutter hat den Service und alles andere geleitet und beide haben diesen Ort geprägt und belebt.

Ich galt früh als Nachfolger und wusste schon immer, dass ich in diese Fußstapfen treten wollte. Für mich war das Leben im elterlichen Betrieb ein riesiger Abenteuerspielplatz, immer trubelig, immer spannend und sehr lebendig. Wenn ich nicht draußen war, fand man mich in der Küche neben meinem Vater, den ich immer noch in seiner Kochjacke vor mir sehe. Anfangs stand ich dabei noch auf einem kleinen Schemel, damit ich auf den Herd schauen konnte. Meine Eltern und auch meine Großelterhaben immer geschafft, immer gearbeitet und meine Schwester Lena und ich liefen einfach mit. Ich war immer nah dran und natürlich habe ich auch schon früh den Druck und Stress der Gastronomie gespürt. Konnte sehen und erleben, was es bedeutet, diese Verantwortung zu tragen. Das hat mich abgehärtet und gut vorbereitet, mich Disziplin und Konsequenz gelehrt. Natürlich hatten meine Eltern wenig Zeit für uns Kinder, aber es war doch immer jemand da. Es wurden Feste gefeiert, es gab legendäre Betriebsausflüge und meine Eltern haben ganz sicher meine Vorliebe für schöne Events geprägt. Wir Widmanns mögen einfach Action.

2017 haben meine Frau Anna und ich offiziell *Widmann's Alb.leben* übernommen und mit der Entstehung des Gourmetrestaurants *Ursprung* eine erste Veränderung angestoßen. Mein Wunsch, Traditionen zu bewahren, gleichzeitig aber auch neue Wege zu gehen und meine Visionen umzusetzen, wurden durch diesen ersten einschneidenden Schritt eingeleitet. Wie eine Zäsur oder Markierung, die zeigte, dass etwas Neues entsteht – ein neuer Weg eingeschlagen wird, ohne den alten zu verlassen. Mir war wichtig, diesen Schritt behutsam zu gehen und nicht ein komplett neues Konzept zu installieren. So ist der *Löwen* mit seinen klassischen Spezialitäten geblieben und das *Ursprung* als Fine Dining dazugekommen, das überregionale und sogar internationale Gäste anlockt. So kann ich gemeinsam mit Anna als Sommelière und Gastgeberin beide Seiten leben – die traditionell-klassische und die kreativ-moderne, mit denen ich meine Heimat in all ihren Facetten »nachzeichnen« kann.

Ich bin sehr dankbar, dass meine Eltern diesen Weg mit uns gehen und immer noch so präsent sind. Ihre Energie, ihr Know-how bewundere ich sehr und es spornt mich jeden Tag an, ihr Lebenswerk verantwortungsvoll fortzuführen. Meine beiden Töchter wachsen nun, wie ich damals, in dieser schönen Natur auf und in unserem Betrieb. Ein großer Luxus, dass wir beides auf so wunderbare Weise verbinden und genießen können.

Rathaus

Familienessen

KAPITEL 03

Meine Familie ist mein Halt und mein Zuhause und ich genieße jede Minute mit meiner Frau und meinen beiden Mädels. Essen ist unser Leben, Kochen ist mein Leben und Genuss spielt eine zentrale Rolle. Und auch wenn Genuss unser Alltag ist, so bleiben diese privaten familiären Momente immer wieder etwas Besonderes. Und wenn ich sehe, wie unsere Kinder diese Leidenschaft teilen, Opas Würste verdrücken oder Annas Bolognese oder wenn mein Vater für alle kocht – dann freue ich mich einfach. Die Mahlzeiten sind immer verbunden mit Erinnerungen und ich möchte diese persönliche Seite unbedingt auch hier zeigen.

Für 4 Personen

Tomaten-Ziegenkäse-Salat

Zutaten

20 Kirschtomaten
1 Bund Schnittlauch
50 g Zucker
500 ml Rotweinessig
1 EL Olivenöl
200 g Ziegenfrischkäse
Salz
schwarzer Pfeffer, frisch gemahlen

Zubereitung

Die Tomaten waschen und vierteln. Schnittlauch in Röllchen schneiden.

In einem Topf den Zucker karamellisieren und mit dem Essig ablöschen. Zu einem Sirup einkochen und erkalten lassen. Achtung, der Essigsirup dickt beim Abkühlen noch etwas ein.

Die Tomatenviertel mit dem Olivenöl vermengen und leicht salzen. Zum Anrichten die Tomaten auf einen Teller geben und den Ziegenfrischkäse in grobe Stücke brechen und darüber verteilen.

Den Essigsirup mit einem Löffel über die Tomatenviertel und die Käsestücke träufeln, salzen und pfeffern und zum Schluss die Schnittlauchröllchen darüberstreuen

Mein Tipp:
Ein einfacher Salat, der bei uns im Sommer nie fehlen darf. Dazu frisch geröstetes Brot – perfekt.

Für 4 Personen

Meine schwäbische Brotzeit

Zutaten

Aus der Vorratskammer – nach Wunsch
Schinkenwurst (Rezept S. 223)
Krustenschinken (Rezept S. 224)
Geflügelleberaufstrich (Rezept S. 222)
Kräuterbutter (Rezept S. 155)
Apfel-Griebenschmalz (Rezept S. 220)
Eingelegtes Gemüse (Rezept S. 219)
Wurstsalatdressing (Rezept S. 114)
1 Zwiebel
1 Bund Schnittlauch
1 Stück Bergkäse
Holzofenbrot
Butter

Zubereitung

Eine Vesper oder Jause, wie meine Frau sagt, ist eigentlich kein Gericht, es ist ein Lebensgefühl. Egal, ob nach dem Wandern, abends auf der Terrasse oder nachts nach der Arbeit – ich finde, Vespern geht immer. Man kann einfach die Vorratskammer plündern und nach Lust und Laune genießen. Ich mag am liebsten unsere Hausmacher Schinkenwurst – einen Teil natur, aber auch immer einen Teil »sauer angemacht«.

Dazu eine Dose Schinkenwurst in nicht zu dünne Scheiben schneiden und auf einen Teller legen. Die Zwiebel abziehen und in feine Würfel oder Scheiben schneiden und darüber verteilen. Dann alles mit dem Wurstsalatdressing bedecken und mit Schnittlauchröllchen bestreuen.

Dazu gutes Brot und frische Butter. That's it!

Mein Tipp:
Je mehr verschiedene Sorten Wurst,
desto besser das Vespern.

Für 4 Personen

Saures Vesper – mehr schwäbisch geht nicht

Zutaten

1 rote Zwiebel
½ Bund Schnittlauch
12 dünne Scheiben Schinkenwurst nach Opa Herrmann (Rezept S. 223)
4 Stücke Käse

Wurstsalatdressing (ergibt ca. 2 Liter)

180 g Essiggurken
180 ml Essiggurkenlake
30 g Zwiebeln, gewürfelt
20 g Senf, mittelscharf
12 g Salz
3 g schwarzer Pfeffer, frisch gemahlen
6 g Zucker
250 ml Wasser
250 ml Branntweinessig
100 ml Weißweinessig
600 ml Rapsöl

Zubereitung

Für das Dressing alle Zutaten bis auf das Öl in einen Mixer geben und fein zerkleinern. Dann das Öl nach und nach einmixen. Mit Salz und Pfeffer abschmecken.

Die rote Zwiebel abziehen und in feine Ringe schneiden oder hobeln, Schnittlauch in Röllchen schneiden.

Die Wurstscheiben und Käsestücke auf Teller legen und das Dressing darüber geben. Mit Zwiebelringen und Schnittlauchröllchen dekoriert servieren.

Mein Tipp:
Das Dressing fülle ich in Flaschen und bewahre es im Kühlschrank auf, dort hält es wenigstens 2 Wochen. Einfach kurz schütteln und es ist bereit. Es schmeckt nicht nur mit Wurst oder Käse, auch als schnelle Marinade für herzhafte Gerichte ist es hervorragend geeignet.

Für 4 Personen

Pfifferlingsnudeln

Zutaten

Für den Nudelteig

180 g Eigelb
50 g Hartweizengrieß
200 g Mehl
1 EL Olivenöl
1 TL Salz

Für die Soße

200 g Pfifferlinge
1 Schalotte
1 Stängel Thymian
2 EL Öl
1 EL Sherry, trocken
50 ml Weißwein
400 g Sahne
Salz
Pfeffer, frisch gemahlen
4 EL Olivenöl, nativ extra
frische Kräuter nach Wunsch

Zubereitung

Für den Nudelteig das Eigelb kräftig salzen, in der Küchenmaschine aufmixen und 1 Stunde ziehen lassen. Dann mit den restlichen Zutaten 5–10 Minuten lang zu einem glatten Teig kneten. Den Teig zu einer Kugel formen und in Folie einschlagen, über Nacht im Kühlschrank ruhen lassen. Am nächsten Tag mithilfe einer Nudelmaschine Bandnudeln herstellen.

Für die Soße die Pfifferlinge putzen, die Schalotte abziehen und fein würfeln. Den Thymian fein hacken.

In einer Pfanne das Öl erhitzen und die Pfifferlinge darin scharf anbraten, die Schalottenwürfel und etwas Salz zufügen und unter Rühren anbraten. Mit dem Sherry ablöschen und vollständig verkochen lassen. Die Pfifferlinge in ein Küchensieb geben und abtropfen lassen, die abtropfende Flüssigkeit auffangen.

Den Bratensatz in der Pfanne mit dem Weißwein ablöschen und verkochen lassen. Die Hitze reduzieren, die Sahne und den Abtropffond der Pfifferlinge eingießen und alles etwa auf die Hälfte einkochen lasen.

Die Pfifferlinge und den gehackten Thymian in die Soße geben und alles gut durchschwenken. Mit Salz und Pfeffer abschmecken.

In der Zwischenzeit die Bandnudeln in reichlich Salzwasser bissfest kochen. Abgießen und mit etwas Butter in einer Pfanne kurz schwenken.

Die Nudeln auf vorgewärmten Tellern anrichten, die Pfifferlinge darauf verteilen und mit Soße übergießen. Mit etwas Olivenöl und frischen Kräutern dekoriert servieren.

Mein Tipp:
Frische Kräuter zum Schluss auf das Gericht geben – das bringt Farbe und Frische dazu.

Für 4 Portionen – eine große Pfanne voll

Annas Kaiserschmarrn

Zutaten

6 Eier
1 EL Zucker
500 ml Milch
1 Prise Salz
250 g Mehl
50 g Butter
4 EL Puderzucker
100 ml Rum, mind. 45 Vol.-%

Zubereitung

Den Backofen auf 220 °C Oberhitze vorheizen.

Die Eier trennen. Die Eiweiße zu Eischnee schlagen. Die Eigelbe mit Zucker, Milch und Salz gut verrühren. Dann das Mehl nach und nach durch ein Mehlsieb in die Schüssel geben und unterrühren. Zum Schluss den Eischnee vorsichtig unterziehen.

Eine schwere Pfanne erhitzen und mit der Hälfte der Butter ausreiben. Den Teig in die heiße Pfanne geben und bei mittlerer Hitze anbacken lassen, dann die Pfanne in den vorgeheizten Backofen stellen.

Nach 5-7 Minuten den goldbraunen Schmarrn aus dem Ofen nehmen und mit 2 Gabeln zerrupfen und kräftig mit Puderzucker bestäuben. Die restliche Butter zugeben und den Schmarrn gut durchschwenken. Den Rum darübergießen und flambieren.

Den Kaiserschmarrn auf vorgewärmten Tellern anrichten und mit Puderzucker bestäubt servieren.

Mein Tipp:
Es ist die große Streitfrage: mit oder ohne Rosinen? Wer mag, darf natürlich gern auch Rosinen zum Schmarrn geben – am besten vorher in etwas Rum einlegen.

Für 4 Personen

Spaghetti bolognese

Zutaten

2 Zwiebeln
200 ml Olivenöl
400 g Spaghetti
500 g Rinderhackfleisch
2 EL Tomatenmark
100 ml Rotwein
200 g Tomaten
150 g Dosentomaten (Abtropfgewicht)
2 EL frischer Thymian, gehackt
2 EL frischer Majoran, gehackt
4 EL Bergkäse, gehobelt
Salz
schwarzer Pfeffer, frisch gemahlen

Zubereitung

Die Zwiebeln abziehen und fein würfeln. In einem schweren Topf das Olivenöl erhitzen und die Zwiebeln darin glasieren. Durch ein Sieb abgießen, das Öl dabei auffangen.

Das Hackfleisch mit Salz und Pfeffer würzen und gut vermengen.

Das aufgefangene Öl wieder in den Topf zurückgeben und das Hackfleisch darin scharf anbraten, herausnehmen und beiseitestellen.

Nun die glasierten Zwiebeln in den Topf geben, kurz anschwitzen und mit dem Tomatenmark glasieren. Das Hackfleisch zugeben und mit dem Rotwein ablöschen.

Die Tomaten von den Kernen befreien und das Fruchtfleisch fein würfeln. Zusammen mit den Dosentomaten und den Kräutern in den Topf geben und gut unterrühren. Die Hitze reduzieren und die Bolognese etwa 1 Stunde köcheln lassen.

In der Zwischenzeit die Spaghetti in reichlich Salzwasser bissfest kochen. Abgießen, auf vorgewärmten Tellern anrichten, die Bolognese darauf geben und mit ein paar Käsespänen dekoriert servieren.

Mein Tipp:
Eine gute Bolognese braucht Zeit. Sie sollte langsam köcheln, damit sie ihre typische, sämige Konsistenz erhält.

Für 4 Personen

Hendl-Curry

Zutaten

4 Gockelkeulen
2 Paprikaschoten
3 Frühlingszwiebeln
10 Champignons
10 Zuckererbsen
1 daumengroßes Stück Ingwer
2 Stängel Zitronengras
2 EL Pflanzenöl
1 EL rote Thai-Currypaste
1 EL Fischsauce
1 EL Sojasauce
400 ml Kokosmilch
2 Kaffir-Limettenblätter
1 Bund Thai-Basilikum
4 kleine scharfe Chilis
2 Limetten

Zubereitung

Die Keulen unter fließend kaltem Wasser abspülen und trockentupfen. Am Knochen durchtrennen.

Das Gemüse putzen und in mundgerechte Stücke schneiden. Den Ingwer schälen, die Hälfte davon und das Zitronengras in kleine Stücke schneiden.

In einem Wok das Öl erhitzen und die Keulen darin scharf anbraten. Herausnehmen und beiseitestellen. Dann das Gemüse, den Ingwer und das Zitronengras hineingeben und anbraten. Die Currypaste zufügen und mit anbraten. Dann mit der Fisch- und Sojasauce ablöschen.

Die Kokosmilch einrühren und alles einmal aufkochen lassen. Die Kaffir-Limettenblätter und Keulen zugeben und alles abgedeckt leise köcheln lassen, bis die Keulen gar sind. Vor dem Servieren nochmals abschmecken, in eine vorgewärmte Schüssel umfüllen und mit Thai-Basilikum garnieren.

Die Chilischoten in sehr feine Ringe, den restlichen Ingwer in feine Scheibchen und die Limetten in Spalten schneiden. In kleinen Schälchen separat dazu reichen, so kann sich jeder sein Curry selbst würzen.

Mein Tipp:
Wir machen dazu immer Nudelreis – das schmeckt den Kindern am besten.

Für 4 Personen

»Zanger Schnitzhafa« Filetgeschnetzeltes in Pilzrahmsoße

Zutaten

500 g Schweinefilet
500 g Rinderfiletspitzen
Öl zum Anbraten
2 Schalotten
200 g Champignons
250 ml trockener Weißwein
500 g Sahne
250 ml Grundsoße (Rezept S. 228)
Salz
schwarzer Pfeffer, frisch gemahlen
125 g Sahne, geschlagen
frische Kräuter nach Wahl

Zubereitung

Das Fleisch quer zur Faser in feine Scheibchen schneiden, leicht salzen und pfeffern.

Etwas Öl in einer schweren Pfanne erhitzen und die Fleischscheiben darin portionsweise scharf anbraten. Herausnehmen und in eine Schüssel geben. Den Bratensatz in der Pfanne lassen.

Die Schalotten abziehen und fein würfeln, die Champignons in feine Scheiben schneiden. Beides in der vorher verwendeten Pfanne anschwitzen, leicht salzen und bei Bedarf noch etwas Öl zugeben. Mit dem Weißwein ablöschen und diesen verkochen lassen.

Die Sahne zugießen und die Soße auf etwa die Hälfte einkochen lassen. Die Grundsoße zugeben und auf die gewünschte Konsistenz einkochen lassen. Es sollte eine leicht gebundene Soße entstehen. Mit Salz und Pfeffer abschmecken. Dann das Fleisch in die Soße geben und unterheben.

In vorgewärmte Steinguttöpfchen geben, einen Klecks geschlagene Sahne daraufsetzen und mit frischen Kräutern garniert servieren.

Mein Tipp:
Wir servieren diesen Klassiker im Gasthaus immer mit Spätzle und Bubenspitzle. Das müssen Sie zu Hause auch ausprobieren.

Für 4 Personen

Nudelrisotto mit confierten Tomaten und Bergkäseschaum

Zutaten

2 Schalotten
2 EL Rapsöl
600 g Nudelreis
100 ml Weißwein
200 ml Tomatenfond oder Gemüsebrühe
1 Stängel Thymian
100 g Bergkäse, gerieben
50 g Butter
Salz
schwarzer Pfeffer, frisch gemahlen

Für die Tomaten

12 Kirschtomaten
100 ml Rapsöl

Für den Käseschaum

600 g Sahne
2 Schalotten
1 TL Öl
60 ml Weißwein
40 g Bergkäse, würzig

Außerdem

2 Handvoll Rucola

Zubereitung

Für das Risotto die Schalotten fein würfeln und in einem Topf in Öl anschwitzen. Die Nudeln einrühren, leicht anschwitzen und salzen, mit dem Weißwein ablöschen und einkochen lassen. Dann mit dem Tomatenfond aufgießen, den Thymian zugeben und die Hitze reduzieren. Abgedeckt etwa 12 Minuten ziehen lassen. Vor dem Servieren zwei Drittel des Käses und die Butter unter das Risotto heben und mit Salz und Pfeffer abschmecken.

In der Zwischenzeit den Backofen auf 180 °C vorheizen. Die Tomaten und das Öl in eine Auflaufform geben, salzen und pfeffern und im Backofen etwa 60-90 Minuten confieren.

Für den Käseschaum die Hälfte der Sahne in einen Topf geben und auf die Hälfte einköcheln lassen. Die Schalotten abziehen, in feine Scheiben schneiden und in einer Pfanne in dem Öl anschwitzen. Mit dem Weißwein ablöschen und etwas einkochen lassen. Die frische und die reduzierte Sahne zugeben, einmal aufkochen lassen und mit Salz und Pfeffer abschmecken. Den Käse einrühren und mit einem Stabmixer aufschäumen.

Das Risotto auf vorgewärmten Teller anrichten und den Käseschaum rundum angießen. Die Tomaten aus der Form heben, das Öl dabei etwas abtropfen lassen, auf den Tellern verteilen. Den Rucola mit dem Öl aus der Form beträufeln und auf das Risotto geben. Zum Schluss den restlichen Käse darüberstreuen.

Mein Tipp:
Risotto kochen ist Bauchgefühl – es muss die richtige Konsistenz haben. Nicht zu hart, nicht zu weich und doch schön cremig. Da ist etwas Übung und viel Gefühl gefragt.

Fleckvieh und Limburger Weideochsen

RINDERZÜCHTER MANU DAUNER

Die Rinderzucht und die Produktion von Molkereiprodukten sind sein Spezialgebiet. Trotz seines jungen Alters ist Manuel Dauner ein wahrer Kenner und uns verbindet inzwischen eine echte Freundschaft.

Kennengelernt haben wir uns über meinen Saucier Lorenz, der eng mit Manu befreundet ist und ihn mir ans Herz gelegt hat. Ich war sofort begeistert von diesem jungen Bauern, der einfach macht, und mutig Neues probiert. Der die gleiche Leidenschaft für seinen Betrieb und vor allem für seine Überzeugung mitbringt, wie alle Produzenten, mit denen ich zusammenarbeite.

Die hübschen Fleckviehkühe, die Dauner nach Demeter-Vorgaben artgerecht hält und züchtet, sind ein weiteres Sinnbild unserer Region, denn sie sind eine in Schwaben beheimatete Rasse. Das Futter für die Kühe stammt vom eigenen Hof und Dauner setzt sie als Milchkühe und deren Nachzucht für die Fleischproduktion ein. So kommen diese wunderbaren Tiere auf zweifache Weise beim Kunden an.

Wir beziehen allerdings nicht nur Fleisch von Manu. In der hofeigenen Käserei wird die Milch direkt weiterverarbeitet und Käse produziert, der in Ruhe reifen darf. Das Ergebnis sind köstliche Sorten unterschiedlicher Reifegrade und Würzungen. Außerdem bringt uns Manu auch Gemüse, wie Kürbis, Bohnen und Belugalinsen.

Darüber hinaus teilen wir eine weitere Leidenschaft: Der Limburger Weideochse ist unser gemeinsames Projekt. Das württembergische Hausrind ist vom Aussterben bedroht und deshalb züchten wir nun gemeinsam diese besonderen Tiere. Unser erstes männliches Tier Mucki begleiten wir mit großem Stolz von Geburt an.

Ich bin überzeugt, dass Manu und ich noch einiges zusammen entwickeln werden. Wir haben die gleiche Vorstellung von Freundschaft und die gleichen Visionen, die man braucht, um biozertifizierte Produkte auf dem Markt zu etablieren.

Grillen mit Freunden

KAPITEL 04

Ich war immer der Junge aus dem Gasthaus und konnte immer punkten mit dem besten Grillfleisch und der richtigen Kulinarik bei unseren Treffen unter Freunden. Heute habe ich leider viel weniger Zeit für diese schönen Zusammenkünfte aber nach meiner Familie ist mir mein kleiner, aber enger Freundeskreis sehr wichtig.

Meine Freunde kommen alle nicht aus der Gastronomie und kennen mich als Andi, der ich privat bin. Unsere Treffen bedeuten mir wirklich viel, und es ist ein Geschenk, dass wir Freunde von damals heute noch so eine besondere Beziehung zueinander haben; auch wenn jeder seinen eigenen Weg geht und alle eine eigene Familie haben. Wenn wir wieder mal unter uns sind, ist es gleich wieder so wie früher. Es braucht meist nicht viel - ehrliche Gespräche, gute Stimmung, etwas Leckeres im Glas und natürlich gutes Essen.

Für 4 Personen

Gezupfte Lachsforelle

Zutaten

2 Lachsforellenfilets mit Haut, je ca. 250 g
1 l Wasser
10 g Salz
5 g brauner Zucker
1 Zitrone
1 Limette
1 Stängel Thymian
1 Stängel Zitronenmelisse
2 EL Rosmarin-Ketchup (Rezept S. 156)
4 EL Miso-Mayonnaise (Rezept S. 157)

Zubereitung

Die Lachsforellenfilets von Gräten befreien.

In einem flachen Gefäß Wasser, Salz, Zucker verrühren.

Die Zitrone und die Limette in Scheiben schneiden und mit den Kräutern in die Beize geben.

Die Fischfilets hineinlegen und 4-5 Stunden darin ziehen lassen. Danach unter fließend kaltem Wasser abspülen und trockentupfen.

Die Filets mit der Hautseite nach unten auf ein Holzbrett legen und bei 60-80 °C in den Smoker geben. Die Filets 10–15 Minuten räuchern und kurz vor Ende der Garzeit mit etwas Rosmarin-Ketchup einpinseln.

Zum Servieren die Filets mit zwei Gabeln vorsichtig auseinanderzupfen und noch warm mit etwas Miso-Mayonnaise beträufelt servieren.

Mein Grilltipp:
Die gezupfte Lachsforelle ist ein toller Hauptdarsteller für einen Pulled-Fish-Burger.

Dinkelino-Salat

Zutaten für 4 Personen

1 Stängel Thymian
1 Knoblauchzehe
1 EL Salz
400 g Dinkelino-Salat Perlgraupen
1 Schalotte
½ Karotte
2 EL Öl
½ Bund Schnittlauch
400 ml Vinaigrette (Rezept S. 29)
1 EL Crème fraîche

Zubereitung

In einem großen Topf Wasser mit Thymian, der Knoblauchzehe und dem Salz zum Kochen bringen. Dann den Dinkelino hineingeben und ca. 15-20 Minuten bissfest kochen. Durch ein Sieb abgießen und abkühlen lassen.

Die Schalotte abziehen, die Karotte putzen und beides in feine Würfelchen schneiden. Etwas Öl in einer Pfanne erhitzen und die Gemüsewürfel darin anschwitzen. Mit Salz und Pfeffer abschmecken.

Schnittlauch in Röllchen schneiden. Die Vinaigrette mit der Crème fraîche verrühren.

Dinkelino, Gemüsewürfelchen und Schnittlauch in eine Schüssel geben und mit dem Dressing gut vermischen.

Romanasalat mit confierten Kirschtomaten

Zutaten für 4 Personen

2 Romanasalatherzen
1 rote Zwiebel
150 ml Vinaigrette (Rezept S. 29)
12 confierte Kirschtomaten (Rezept S. 127)
8 EL Miso-Mayonnaise (Rezept S. 157)

Zubereitung

Die Salatherzen putzen und längs halbieren, waschen und trocknen. Die Zwiebel abziehen und in feine Ringe schneiden.

Die Salatherzen mit der Vinaigrette beträufeln und auf Tellern anrichten. Die Miso-Mayonnaise darüber verteilen und mit den confierten Tomaten und den Zwiebelringen garniert servieren.

Für 4 Personen als Vorspeise, für 2 Personen als Hauptgericht

Ganzer Saibling

Zutaten

2 Saiblinge, ausgenommen
1 Bio-Zitrone
frische Kräuter wie Dill, Kerbel, Petersilie, Thymian
Rapsöl
Salz
Albkräuter-Chimichurri (Rezept S. 156)

Zubereitung

Die Fische unter fließend kaltem Wasser abspülen und trockentupfen. Dann die Innenseiten leicht salzen.

Die Zitrone in Scheiben schneiden und die Saiblinge mit je zwei Zitronenscheiben und den Kräutern füllen, die Fische zubinden. Die Haut mit Öl einpinseln und leicht salzen.

Die Saiblinge bei hoher Hitze auf dem Grill von beiden Seiten angrillen und bei mittlerer Hitze fertig garen.

Zum Servieren die Fische filetieren und mit etwas Chimichurri beträufeln.

Mein Tipp:
Ich grille Fisch immer über direkter Hitze an und lege sie dann auf einen Rost, auf dem ich sie bei indirekter Hitze sanft fertig garen.

Für 4 Personen

Spareribs vom Schwäbisch-Hällischen Landschwein – D E R Löwengarten-Klassiker

Zutaten

4 Kotelett-Leiterle vom Schwäbisch-Hällischen Landschwein
Salz

Für die Marinade

1 Knoblauchzehe
1 kg Rosmarin-Ketchup (Rezept S. 156)
5 g schwarzer Pfeffer, grob gemörsert
23 g Speckpulver
5 g Oregano, getrocknet
1 TL Honig
1 TL Alblinsen Miso-Paste

Zubereitung

Für die Marinade den Knoblauch durch eine Presse in eine Schüssel drücken oder fein reiben. Restliche Zutaten zugeben und gründlich verrühren.

Die Spareribs von beiden Seiten leicht salzen und anschließend rundum mit der Marinade einpinseln. 8–10 Stunden durchziehen lassen.

Die Ribs auf das direkte Feuer legen und angrillen. Danach 35 Minuten bei indirekter Hitze, bei 130–140 °C, garen. Zum Schluss kurz mit direkter Hitze fertig grillen.

Mein Tipp:
Natürlich kann mit der Temperatur variiert werden – weniger und dafür länger. Aber so gelingt es am besten für einen schnellen Feierabend-Griller.

Die Marinade reicht für mehrere Portionen und kann gut im Kühlschrank aufbewahrt werden.

Für 4 Personen

Gegrillte Gockelkeulen

Zutaten

4 Gockelkeulen in Demeter-Qualität

Für die Marinade:

2 Knoblauchzehen
1 Stängel Thymian
1 TL Chiliflocken
2 EL Buttermilch
4 EL Rapsöl
1 TL Salz

Zubereitung

Die Gockelkeulen unter fließend kaltem Wasser abspülen und trockentupfen.

Für die Marinade den Knoblauch abziehen und fein hacken. Die Thymianblättchen vom Stängel zupfen und ebenfalls hacken. Anschließend alle Zutaten gut miteinander verrühren und die Keulen rundum mit der Marinade einreiben. Anschließend in ein passendes Gefäß legen und mindestens 10 Stunden darin marinieren.

Vor dem Grillen die überschüssige Marinade leicht abreiben und die Keulen auf dem Grill zuerst auf direkter Hitze kurz angrillen und anschließend bei indirekter Hitze fertig garen.

Für 4 Personen

Rosa gebratene Ostalb Lammhüfte mit Kräutern

Zutaten

800 g Lammhüfte oder -oberschale (vom Metzger vorbereiten lassen)
2 Knoblauchzehen
1 Stängel Thymian
1 Stängel Rosmarin
2 EL Rapsöl
Salz
schwarzer Pfeffer, frisch gemahlen
Fleur de Sel

Zubereitung

Das Fleisch kalt abspülen und gut trocken tupfen.

Die Knoblauchzehen abziehen und in feine Scheiben schneiden, die Kräuter grob hacken. Gründlich mit dem Öl vermengen.

Das Fleisch leicht salzen und pfeffern. Danach mit der Kräuter-Öl-Mischung einreiben und etwa 1 Stunde marinieren lassen.

Über dem direkten Feuer angrillen und bei schwacher Hitze garen, bis es eine Kerntemperatur von etwa 50 °C erreicht hat. Zum Schluss nochmals kurz bei hoher Hitze nachgrillen. In Scheiben schneiden und mit etwas Fleur de Sel bestreut servieren.

Mein Tipp:
Ich lasse beim Lammfleisch immer den Fettdeckel am Fleisch. Das gibt ein tolles Ergebnis beim Grillen und noch mehr Geschmack. Einfach den Metzger informieren.

Für 4 Personen

Pastrami vom Demeter-Ochsen

Zutaten

2 kg Ochsenbrust oder anderes Bratenstück

Für die Beize

4 l Wasser
300 g brauner Zucker
150 g Salz
30 g Pökelsalz
40 g schwarze Pfefferkörner
20 g Koriandersaat
20 g Senfsaat
1 Knoblauchzehe
5 g Wacholderbeeren
5 g Chiliflocken
1 EL Fenchelsaat
1 Zimtstange
2 Lorbeerblätter

Für den Rub

75 g brauner Zucker
75 g Salz
75 g schwarzer Pfeffer
55 g Koriandersamen
10 g Knoblauchpulver
10 g Wacholderbeeren
7,5 g Chiliflocken

Zubereitung

Für die Beize die Hälfte des Wassers aufkochen und übrigen Zutaten zugeben. Gut umrühren, bis sich der Zucker und das Salz komplett aufgelöst haben. Das restliche Wasser zufügen und abkühlen lassen.

Die Beize in ein passendes Gefäß geben und das Fleisch einlegen. Abgedeckt im Kühlschrank 7 Tage beizen. Danach das Fleisch herausnehmen und trocken tupfen.

Für den Rub alle Zutaten im Mörser zerkleinern und gut vermengen. Das gebeizte Fleisch mit der Gewürzmischung einreiben und abgedeckt 6–8 Stunden ziehen lassen.

In der Zwischenzeit den Smoker vorbereiten. Das Fleisch bei 60 °C etwa 45 Minuten räuchern. Danach gibt es zwei Möglichkeiten, das Fleisch zu garen:

Erste Variante: Das Fleisch abkühlen lassen und in einen Vakuumbeutel einschweißen. Danach im Sous-Vide-Verfahren 48 Stunden bei 64 °C garen.

Zweite Variante: Auf dem Grill bei 120 °C und indirekter Hitze 4–5 Stunden weich schmoren. Dabei immer auf konstante Temperatur achten und das Fleisch gegebenenfalls mehrmals wenden.

Bei beiden Varianten das Fleisch dann nochmals über direkter Hitze kurz grillen. In Scheiben schneiden und sofort servieren.

Mein Tipp:
Das Pastrami schmeckt auch kalt hervorragend! Einfach ganz dünn aufschneiden und ein Sandwich damit belegen.

Für 4 Personen

Maiskolben mit Miso und Zwiebel-Crunch

Zutaten

2 Maiskolben mit intakten Hüllblättern

Für den Zwiebel-Crunch

2 Zwiebeln
1 Scheibe Toastbrot
1 Stängel Thymian
1 Knoblauchzehe
Fett zum Ausbacken
Salz

4 EL Miso-Mayonnaise (Rezept S. 157)
2 EL Schnittlauchröllchen

Zubereitung

Die Maiskolben mit den Hüllblättern aufs Feuer legen und grillen. Alternativ können geschälte Maiskolben in reichlich Salzwasser vorgekocht und dann fertig gegrillt werden.

Für den Crunch die Zwiebeln abziehen und in feine Ringe schneiden. Das Toastbrot fein würfeln. Fett in einem weiten Topf oder in einer Fritteuse auf 150 °C erhitzen. Thymian und Knoblauch ins Fett geben. Zuerst die Zwiebelringe und dann die Brotwürfel darin goldbraun ausbacken. Herausnehmen, salzen und auf einem Tuch abtropfen lassen. Den abgekühlten Crunch in einer Schüssel gut durchmischen und etwas zerkrümeln.

Die Maiskolben in Stücke schneiden, leicht salzen. Mit reichlich Miso-Mayonnaise bestreichen, den Crunch und die Schnittlauchröllchen darüberstreuen.

Für 4 Personen

Soufflierte Bauernhofkartoffeln

Bild auf der vorherigen Doppelseite

Zutaten

8 kleine Kartoffeln, festkochend
Salz
1 Lorbeerblatt

Für die Füllung

300 g Kartoffeln, festkochend
100 g geklärte Butter, zimmerwarm
70 g Eigelb
Muskat, frisch gerieben
Salz und Pfeffer

Zubereitung

Die kleinen Kartoffeln ungeschält in Salzwasser mit dem Lorbeerblatt bissfest kochen. Die Kartoffeln abgießen, oben und unten etwas abschneiden und mit einem kleinen Löffel oder einem Kugelausstecher aushöhlen. Das herausgelöste Innere fein hacken.

Für die Füllung die Kartoffeln schälen und in Salzwasser weichkochen, abgießen und gut ausdampfen lassen. Danach mit Butter, Eigelb und den Gewürzen in einem Mixer fein pürieren. Das fein gehackte Kartoffelinnere unterheben und die Masse in die ausgehöhlten Kartoffeln füllen.

Auf dem Grill oder einer Plancha angrillen und bei indirekter Hitze bei ca. 150 °C etwa 30 Minuten garen.

Für 4 Personen

Gefüllte Zucchini

Bild auf der vorherigen Doppelseite

Zutaten

4 Zucchini, mittelgroß
2 Tomaten
1 Zwiebel
50 ml Öl
200 g Dinkelino
200 ml Weißwein
200 ml Gemüsefond
1 EL frischer Thymian, gehackt
100 g Bergkäse
Salz

Zubereitung

Die Zucchini der Länge nach halbieren und mit einem Löffel aushöhlen. Die Schiffchen beiseitestellen, das herausgeschabte Innere fein hacken. Die Tomaten entkernen und das Fruchtfleisch in feine Würfel schneiden. Die Zwiebel abziehen und fein würfeln.

Das Öl erhitzen, die Zwiebelwürfel darin anschwitzen und den Dinkelino zugeben. Mit Weißwein ablöschen und diesen vollständig verdampfen lassen. Danach mit Gemüsefond aufgießen und das Ganze wie ein Risotto kochen. Mit Salz und Pfeffer abschmecken.

Die Zucchini- und Tomatenwürfel sowie den Thymian unter das Risotto heben. Die Zucchinischiffchen damit füllen und den Bergkäse darüberreiben. Die Schiffchen auf dem Grill angrillen und bei indirekter Hitze gratinieren.

Kräuterbutter

Zutaten für 1 Rolle

5 g Majoran
5 g Thymian
½ Bund Schnittlauch
½ Bund Petersilie
1 Knoblauchzehe
500 g Butter, zimmerwarm
1 EL Alblinsen Miso-Paste
5 g Salz

Zubereitung

Alle Kräuter und die Knoblauchzehe fein hacken.

Die Butter in einer Küchenmaschine schaumig aufschlagen.

Danach die Kräuter und die restlichen Zutaten zufügen und gut vermengen.

Die Kräuterbutter zu einer Rolle formen und in Klarsichtfolie wickeln oder mit einem Spritzbeutel kleine Tupfen auf ein Stück Backpapier spritzen. Im Kühlschrank fest werden lassen.

Mein Tipp:
Die Kräuterbutter kann auch als Gewürzbutter zum Braten von Fisch oder Gemüse verwendet werden.

Burger & Grillsoße

Zutaten für 2–3 Gläser

500 g Miso-Mayonnaise (Rezept S. 157)
200 g Rosmarin-Ketchup (Rezept S. 156)
75 g Meerrettich, frisch gerieben
50 g scharfer Senf
1 TL Tabasco
1 EL Weißweinessig
1 Knoblauchzehe, zerdrückt
Salz und Pfeffer

Zubereitung

Alle Zutaten gut verrühren und mit Salz und Pfeffer abschmecken.

Albkräuter-Chimichurri

Zutaten für 2 große Gläser

80 g Petersilie
80 g Schnittlauch
30 g Kerbel
10 g wilder Majoran
10 g Wildkräuter
150 g Zwiebel, grob gehackt
2 Knoblauchzehen, gehackt
2 Bio-Zitronen
600 g natives Rapsöl
5 g Cayennepfeffer
15 g Salz
4 g Pfeffer

Zubereitung

Die Kräuter fein hacken.

Die restlichen Zutaten in einen Mixer geben und gut durchmixen. Die Kräuter zugeben und nochmals kurz aufmixen. Mit Salz und Pfeffer abschmecken.

Entweder sofort servieren oder in ein Glas füllen und die Oberfläche mit Öl bedecken. So hält es sich im Kühlschrank etwa 8 Tage.

Mein Tipp:
Das Chimichurri kann auch als Basis für schnelle Dressings oder als Marinade für Grillfleisch verwendet werden.

Rosmarin-Ketchup

Zutaten für 2-3 Gläser

300 g Zwiebeln
1,5 kg Tomaten
4 Knoblauchzehen
30 g Rosmarin
150 ml Rapsöl
200 g brauner Zucker
10 g Salz
240 ml Apfelessig
1 TL Nelken
1 TL Wacholderbeeren
1 TL weiße Pfefferkörner
1 TL Senfsaat

Zubereitung

Die Zwiebeln abziehen und in feine Scheiben schneiden. Die Tomaten vom Strunk befreien und das Fruchtfleisch in Würfel schneiden. Die Knoblauchzehen abziehen und fein hacken. Den Rosmarin ebenfalls fein hacken.

Das Öl in einem großen Topf erhitzen, die Zwiebeln darin bei mittlerer Hitze glasieren. Tomatenwürfel sowie Zucker, Salz, Knoblauch und Rosmarin zugeben. Unter Rühren köcheln lassen, dann mit Apfelessig ablöschen. Die Gewürze in einem Mixer fein mahlen und zugeben. Alles zusammen mehrere Stunden auf kleiner Hitze einkochen, bis die Flüssigkeit fast verkocht ist.

Die Masse anschließend in einer Küchenmaschine fein pürieren und abkühlen lassen.

Schwäbische Miso-Mayonnaise

Zutaten für 2-3 Gläser

100 g Eigelb
20 g Senf
20 g Essig
2 g Salz
5 g Zucker
½ Knoblauchzehe
20 g Alblinsen Miso-Paste
300 ml Rapsöl
schwarzer Pfeffer, frisch gemahlen

Zubereitung

Alle Zutaten auf Zimmertemperatur bringen.

Eigelb, Senf, Essig, Salz und Zucker mit dem Stabmixer aufmixen. Die Knoblauchzehe hineinreiben und die Miso-Paste zugeben. Das Öl nach und nach einmixen, sodass eine feste Konsistenz entsteht. Mit Salz und Pfeffer abschmecken.

Mein Tipp:
Die Miso-Paste kann auch durch andere Zutaten, wie z. B. frischem Meerrettich, ersetzt werden.

Biersenf

Zutaten für 2-3 Gläser

200 g Senfsaat
150 g Spezialbier
50 g Holunderessig
10 g Honig
8 g Salz
10 g Majoran, getrocknet

Zubereitung

Die Senfsaat dreimal nacheinander in jeweils frischem Wasser 1 Minute blanchieren.

Dann zusammen mit den restlichen Zutaten mit einem Stabmixer pürieren.

In ein Schraubglas füllen und im Kühlschrank aufbewahren, so hält der Senf etwa 8 Monate.

Für 4 Personen

Aprikosen-Ofenschlupfer

Zutaten

10 Aprikosen
2 EL Zucker
1 EL Aprikosenlikör
250 g Hefezopf oder Brioche
500 g Sahne
10 Eier
1 TL Zimt
4 EL Puderzucker

Außerdem

1 EL Butter
2 EL Semmelbrösel

Zubereitung

Den Backofen mit Oberhitze auf 130 °C vorheizen.

Die Aprikosen entsteinen, achteln und mit dem Zucker und dem Aprikosenlikör vermischen. Etwa 1 Stunde marinieren. Den Hefezopf in ca. 1,5 cm große Würfel schneiden.

Eine Auflaufform buttern und mit Semmelbröseln auskleiden. Die marinierten Aprikosen mit den Hefezopfwürfeln vermengen und in die Form füllen.

Das Sahne mit den Eiern und dem Zimt verrühren und über die Aprikosenmischung gießen. Alles in der Form gleichmäßig verteilen und ca. 50 Minuten backen. Mit Puderzucker bestäuben und warm servieren.

Mein Tipp:
Frisches Rahmeis und marinierte Erdbeeren dazu servieren. Herrlich.

Eine Häfnerin mit Herz

GABI ENGLING

Mit der Keramik- und Kunstschöpferin Gabi Engling verbindet mich eine ganz besondere Beziehung. Sie stammt nicht nur wie ich aus Zang, sondern unsere Familien sind schon seit Generationen verbunden. Ihre Eltern besaßen einen schönen großen Bauernhof und wir sollen sogar verwandt sein, jedenfalls fühlt es sich so an.

Vor einigen Jahren hat Gabi eine Scheune des elterlichen Hofes ausgebaut und dort einen Kunstmarkt mit Keramik eingerichtet, der wie kaum ein anderes Handwerk unser Dorf repräsentiert. Zang war nämlich immer schon ein Töpferdorf, was vermutlich an den lehmhaltigen Böden liegt. Die sogenannte Hafnerei ist bei uns sehr weit verbreitet und auch in meiner Familie gab es Menschen, die dieses Handwerk ausgeübt haben. Der sogenannte Hafen ist eine Art Keramiktopf, in dem man Obstschnitze eingemacht hat, daher der Zanger Schnitzhafa – der alte überlieferte Name unserer Dorfbewohner, nachdem auch unser *Löwen*-Gericht benannt ist.

Gabi ist die letzte wahre Häfnerin im Dorf, die ihr Handwerk auf ihre ganz besondere Weise betreibt und damit sehr erfolgreich ist. Auch unsere Gäste besuchen ihre Scheune, lauschen ihren Geschichten oder Erklärungen und kaufen bei ihr. Auch unter meinen Kollegen ist sie inzwischen bekannt. Ich bin sehr stolz, dass sie für unser Restaurant *Ursprung* ganz eigene und exklusive Produkte kreiert. Oft habe ich eine Idee, gehe zu ihr, zeige ihr ein Foto und sie macht dann einfach, zeichnet und probiert aus. Der Weg ist natürlich sehr kurz. Sie entwickelt einen Prototyp, den wir uns dann gemeinsam anschauen, um die Form und die Glasuren zu besprechen und in enger Zusammenarbeit zum finalen Objekt weiterentwickeln. Eine sehr kreative, partnerschaftliche Verbindung. Außerdem bringt uns ihre Mutter viel Obst, wir holen bei ihr Bärlauch und sie geht mit uns unseren Weg. Wir teilen die gleiche Leidenschaft, die gleiche Energie und sie trägt die Geschichte unseres Dorfes und dieser Region ebenso weiter wie ich. Gabi gehört einfach in dieses Dorf und zu unserem Ursprung.

Ein eigener natürlicher Kosmos

FAMILIE BOSCH

Es gibt Initiativen, da steht man staunend davor und kann nur mit Bewunderung reagieren. Eines dieser Lebensprojekte ist die Biotal Hofgemeinschaft, zu der auch die Familie Bosch gehört. Mit Tabea und Christoph verbindet mich eine intensive und sehr offene Zusammenarbeit, die mir unglaublich viel Spaß macht. Wir teilen unsere Leidenschaft für die Region und auch das große Engagement, das wir in Vereinsarbeit und Gemeinschaft investieren.

HofLADEN
Café
Biotal
Kundenparkplatz

Allein der Weg hinauf zur Eselsburg ist ein Weg in eine ganz andere Welt, jenseits unserer schnelllebigen modernen Zeit, denn in jedem Winkel dieses Hofes sind die tiefe menschliche Absicht und die damit verbundenen Werte fühlbar. Wer hier ist und lebt, bewegt sich behutsamer, achtsamer und auch ein wenig langsamer, was guttut, wenn man gerade mal wieder durch den Alltag getrieben wurde.

Alle Hofbetreiber teilen den gleichen Sinn für Schönes, weshalb der eigene Hofladen ein großzügiges, wunderschön gestaltetes Einkaufsambiente bietet. Gleichzeitig steht über allem der tiefe Glaube an den Wert unserer Ressourcen und das Ziel, diese zu bewahren. Nachhaltigkeit, schonende Prozesse, Wertschätzung und Liebe zum Leben definieren die Philosophie dieser Gemeinschaft.

Der Hof ist vor allem wegen seiner eigenen Molkerei einer unserer wichtigsten Partner. Wir beziehen Joghurt, Quark, Milch und Käse von dort und ich bin einfach dankbar, ein so zuverlässig hochwertiges Produkt verwenden zu können. Die Weidehaltung der Milchkühe, die schonende Verarbeitung der Milch und die ausschließliche Verwendung von Bio-Zutaten finden sich einfach im Geschmack wieder. Außerdem beziehen wir ab und an Gemüse und das Fleisch von Wasserbüffeln vom Hof. Ich bin davon überzeugt, dass es neben der Philosophie die große Herzlichkeit und Menschenliebe ist, die unsere Zusammenarbeit so entspannt und intensiv macht.

Das Alb.stark-Team

EINE WANDERUNG AUF WIDMANNS WEG

Es ist keine bahnbrechende Erkenntnis, dass man, insbesondere in unserer Branche, ohne ein eingespieltes Team nicht erfolgreich sein kann. Zu komplex und vielschichtig sind die geforderten Skills, die sich im Idealfall zu einem großen runden Erfolgskonzept fügen. Nicht nur weil Anna Tirolerin ist, haben wir uns mit unserem Team vor einigen Jahren auf unsere »Widmanns-Wanderung« begeben. Ein Jahr miteinander zu leben und zu arbeiten fühlt sich nämlich genauso an. Wir gehen auf dem Weg zu unserem gemeinsamen Ziel durch Täler, erklimmen Gipfel und helfen einander, damit alle vorankommen – genau so, wie ich mir ein modernes Team und eine wertschätzende und zukunftsorientierte Teamarbeit vorstelle.

Es gibt Mitarbeiter, die kennen mich tatsächlich schon länger, als ich sie. So ein Team mit einer tollen Mischung aus erfahrenen Mitarbeitern und jungen Gastro-Enthusiaten zu haben, macht mich sehr stolz. Ich möchte, dass Menschen gern hier arbeiten. Dafür müssen wir alle die gleichen Werte leben und einer Idee folgen. Wir sind ein moderner Familienbetrieb, und zwar im wortwörtlichen Sinn. Wir arbeiten in modernen Strukturen, mit einem modernen Führungsstil. Wir coachen, entwickeln und betrachten uns dabei aber als eine Art große Familie, in der man sich aufeinander verlassen können muss. Dieser Geist weht durchs Haus und es zeigt sich, dass trotz aller Veränderungen in unserer Branche, der Weg des modernen Miteinanders richtig ist, da er für die Entwicklung jedes einzelnen und somit des gesamten Teams förderlich ist. Er führt dazu, dass ich ein Team habe, auf das ich mich zu 100 Prozent verlassen kann. Nur gemeinsam sind wir »alb.stark«.

Team-Lieblinge

KAPITEL 05

Man muss es einfach so sagen: Eine große Zeit meines Lebens verbringe ich mit meinem Team. Wir kochen zusammen, wir essen zusammen, reden miteinander. Nirgendwo bin ich so oft und mit kaum jemandem esse ich so oft. Beim Essen und Reden entwickeln wir unsere neuen Ideen, arbeiten kreativ, machen Brainstorming – das sind sehr schöne Momente.

Wenn wir den Ofen anfeuern und Pizza machen, dann drehen sich die Gespräche auch mal nicht um die Arbeit, sondern um viele andere Themen. Essen und Kochen ist für uns nicht Arbeit, sondern wirklich Passion. Das merke ich auch bei unserem sonntäglichen Mitarbeiterstammtisch. Daher war es mir wichtig, die Lieblingsgerichte meines Teams in dieses Buch aufzunehmen.

Für 4 Personen

Schwabenstreich Rostbraten mit Maultasche und Käse überbacken

Zutaten

4 Scheiben Rostbraten aus dem Roastbeef (je 180 g)
2 EL Öl
Öl zum Frittieren
2 Zwiebeln
50 g Butter
4 Scheiben genetztes Brot
4 Maultaschen
8 Scheiben Bergkäse
Salz
schwarzer Pfeffer, frisch gemahlen

Zubereitung

Den Backofen auf 260 °C Umluft vorheizen.

Die Rostbratenscheiben mit Salz und Pfeffer bestreuen. In einer Pfanne das Öl erhitzen und das Fleisch darin anbraten.

Im vorgeheizten Ofen 5–7 Minuten garen, bis das Fleisch eine Kerntemperatur von 50 °C erreicht hat. Herausnehmen und abgedeckt ruhen lassen. Den Ofen auf 230 °C Oberhitze umstellen.

Das Öl in einem weiten Topf oder einer Fritteuse auf 160 °C erhitzen. Die Zwiebeln abziehen und in feine Streifen schneiden. In das heiße Öl geben und goldbraun frittieren, anschließend auf einem Küchentuch abtropfen lassen.

In einer Pfanne die Butter schmelzen lassen und die Brotscheiben darin von beiden Seiten anbraten. Die Maultaschen ebenfalls erwärmen.

Die Brotscheiben auf ein Backblech legen, mit den Fleischscheiben und den Maultaschen belegen. Die Zwiebeln darüber verteilen und mit einer Käsescheibe bedecken. In den Ofen geben und kurz gratinieren.

Mein Tipp:
Dazu passen am besten eine klassische Bratensoße und frischer Kartoffelsalat.

Für 4 Personen

Würstlgulasch

Zutaten

8 Bratwürste ohne Haut
2 EL Butter
2 rote Zwiebeln
2 rote Paprikaschoten
2 gelbe Paprikaschoten
100 ml Rapsöl
50 g Butter
1 TL Paprikapulver
2 EL Mehl
200 ml Fleischbrühe (Rezept S. 227)
100 ml Grundsoße (Rezept S. 228)
2 Knoblauchzehen
1 Bio-Zitrone
2 TL gehackter Majoran
Salz
schwarzer Pfeffer, frisch gemahlen
1 Bund Schnittlauch

Zubereitung

Die Bratwürste in einer Pfanne in der Butter goldbraun anbraten und beiseitestellen.

Die Zwiebeln abziehen und in feine Streifen scheiden. Die Paprika putzen und ebenfalls in feine Streifen schneiden. In einer Pfanne das Rapsöl erhitzen und die Zwiebeln darin anschwitzen. Die Paprikastreifen zugeben und alles bei mittlerer Hitze unter Rühren gleichmäßig anschwitzen. Herausnehmen und beiseitestellen.

In der gleichen Pfanne die Butter schmelzen, das Paprikapulver und das Mehl einstäuben und unter Rühren leicht anrösten. Mit der Fleischbrühe und Grundsoße ablöschen und einmal aufkochen lassen, damit sich die Mehlschwitze auflösen kann. Die Zwiebel-Paprika-Mischung zugeben und auf die gewünschte Konsistenz einkochen.

Den Knoblauch abziehen und fein hacken. Die Zitrone abreiben, den Abrieb zum Knoblauch geben, gut miteinander vermengen und in den Eintopf rühren.

Die Bratwürste in Stücke schneiden und ebenfalls hineingeben. Mit Salz und Pfeffer abschmecken und den Majoran zugeben.

In tiefe Teller füllen. Schnittlauch in Röllchen schneiden und darüberstreuen.

Mein Tipp:
Etwas Sauerrahm und ofenfrisches Baguette dazu servieren.

Für 4 Personen

Alblinsen mit Spätzle und Saitenwürstle

Zutaten

200 g Alblinsen
150 g Zwiebeln
100 g Karotten
100 g Knollensellerie
100 g Butter
3 EL Mehl
1 TL Tomatenmark
100 ml Rotweinessig
750 ml Fleischbrühe (Rezept S. 227)
300 g Schwarte vom Bauchspeck (beim Metzger bestellen)
1 Lorbeerblatt
1 Gewürznelke
Salz
schwarzer Pfeffer, frisch gemahlen

Außerdem

4 Paar Saitenwürstle oder Wiener Würstchen
600 g Spätzle (Rezept S. 209)
50 g Bröselschmelze (Rezept S. 33)

Zubereitung

Die Linsen unter fließend kaltem Wasser abspülen, abtropfen lassen. Die Zwiebeln abziehen und fein würfeln. Die Karotten und den Sellerie putzen und ebenfalls fein würfeln. Die Gemüsewürfel in etwas Salzwasser bissfest blanchieren und in Eiswasser abschrecken, beiseitestellen.

In einem Topf die Butter schmelzen und die Zwiebelwürfel darin anschwitzen. Das Mehl und das Tomatenmark zugeben und leicht mitrösten. Mit dem Rotweinessig ablöschen und diesen verkochen lassen. Danach mit der Fleischbrühe aufgießen und aufkochen lassen, damit sich die Mehlschwitze auflösen kann.

Bauchspeckschwarte, Lorbeerblatt, Nelke und Linsen zugeben und das Ganze bei mittlerer Hitze abgedeckt köcheln lassen. Nach etwa 10 Minuten Kochzeit die blanchierten Gemüsewürfel einrühren und den Eintopf fertig garen. Mit Salz und Pfeffer abschmecken.

Die Würstle und die Spätzle erwärmen. Die Bröselschmelze in einer kleinen Pfanne erhitzen und auf die Spätzle geben. Den Eintopf in vorgewärmte Schalen füllen und zusammen mit den Würstle und Spätzle servieren.

Mein Tipp:
Am Schluss noch einen Spritzer Rotweinessig darübergeben, so gehören die Sauren Linsen!

Für 4 Personen

Scharfer Schwabe - (k)ein schwäbischer Hotdog

Zutaten

4 Käse-Chili-Würste
4 Hotdog Semmeln
100 g Sauerkraut
2 Essiggurken
½ Bund Schnittlauch mit Blüten
4 TL Miso-Mayonnaise (Rezept S. 157)
4 EL Rosmarin-Ketchup (Rezept S. 156)
4 EL eingelegte rote Zwiebel
4 EL Zwiebel Crunch (Rezept S. 150)

Zubereitung

Die Würste in leicht gesalzenem Wasser erwärmen. Die Semmeln toasten - am besten gelingt das in einem Kontaktgrill.

Das Sauerkraut in einen Topf geben und leicht erwärmen. Die Essiggurken in Scheiben schneiden und den Schnittlauch in Röllchen.

Die Semmeln der Länge nach auf-, aber nicht ganz durchscheiden. Etwas Sauerkraut in den Semmeln verteilen und mit Miso-Mayonnaise beträufeln. Dann je eine Wurst auflegen, abwechselnd mit dem Ketchup und der Mayo feine Streifen darüberspritzen. Die eingelegten Zwiebelringe, den Zwiebel-Crunch, die Essiggurkenscheiben und die Schnittlauchröllchen darauf verteilen.

Mein Tipp:
Für die Hotdogs beim lokalen Bäcker frische Brötchen oder Minibaguettes vorbestellen.

Für 4 Personen

Gaisburger Marsch – Eintopf mit Rindfleisch, Spätzle und Kartoffeln

Zutaten

1 Ochsentafelspitz, pariert (800 g)
2 EL Öl
1 Liter Fleischbrühe (Rezept S. 227)
1 Zwiebel
2 Gewürznelken
2 Lorbeerblätter
2 Wacholderbeeren
100 g Karotten
100 g Knollensellerie
300 g Kartoffeln, festkochend
400 g Spätzle (Rezept S. 209)
Salz
schwarzer Pfeffer, frisch gemahlen

Außerdem

1 Bund Schnittlauch
4 EL Röstzwiebeln

Zubereitung

Den Tafelspitz leicht salzen und pfeffern. Das Öl in einer Pfanne erhitzen und das Fleisch darin von allen Seiten scharf anbraten. In einem Topf 500 ml Brühe aufkochen, den Tafelspitz einlegen und bei mittlerer Hitze darin ziehen lassen.

Die Zwiebel mit den Gewürznelken spicken und nach etwa einer Stunde Kochzeit zusammen mit den Lorbeerblättern und den Wacholderbeeren in die Brühe geben. Nach etwa 20 Minuten das Fleisch aus der Brühe nehmen und in 1,5 cm große Würfel schneiden.

Die Karotten, den Sellerie und die Kartoffeln schälen und würfeln. Die Gemüsewürfel in der Brühe garen.

Die restliche Brühe aufkochen und alle Zutaten bis auf die Röstzwiebel und den Schnittlauch einlegen. Etwas von der Kochbrühe zugeben.

Den Schnittlauch in Röllchen schneiden. Den Eintopf auf Suppenteller verteilen und mit den Röstzwiebeln und Schnittlauchröllchen garniert heiß servieren.

Mein Tipp:
Wenn man alles in der Brühe gart, hat man den ganzen Geschmack im Eintopf – einfach ausprobieren!

Für 4 -5 Pizzen

Die Alb.style Team-Pizza

Zutaten

1 kg Mehl
600 ml Wasser
50 g Salz
2 g Trockenhefe

Für den weißen Belag

2 Zwiebeln
2 EL Öl
20 g Zucker
Salz
500 g Mascarpone
schwarzer Pfeffer, frisch gemahlen
Muskatnuss, gerieben

Für den Tomatenbelag

2 Zwiebeln
2 EL Öl
500 g Tomaten, stückig (Dose)
20 g Zucker
1 TL Basilikum, getrocknet
1 TL Oregano, getrocknet

Zubereitung

Für den Teig alle Zutaten gut verkneten, in einen verschließbaren Behälter geben und bei Zimmertemperatur 12 Stunden gehen lassen. Danach aus dem Teig 5 etwa 300 g schwere Kugeln formen, diese nochmals für mindestens 6 Stunden im Kühlschrank gehen lassen. Danach die Pizzafladen formen, dabei darauf achten, dass der Rand etwas dicker ist.

Für den weißen Belag die Zwiebeln abziehen und grob hacken. In etwas Öl in einer Pfanne goldbraun anbraten, den Zucker und eine Prise Salz einrühren. Die Zwiebeln bei niedriger Hitze schmoren, bis sie zerfallen. Vom Herd nehmen und mit dem Mascarpone aufmixen. Mit Salz, Pfeffer und Muskat abschmecken.

Für den Tomatenbelag die Zwiebeln abziehen und grob hacken. In etwas Öl in einer Pfanne goldbraun anbraten, den Zucker und eine Prise Salz einrühren. Die Zwiebeln bei niedriger Hitze schmoren, bis sie zerfallen. Dann die Tomaten zugeben und 15 Minuten kochen. Mit Salz, Pfeffer, Basilikum und Oregano abschmecken und alles durchmixen.

Mein Tipp:
Auf der Tomatenversion mag ich als Belag am liebsten Salami, gegrillte Paprika und viel Käse. Mein Favorit ist aber unsere Team-Kreation »Pizza Rostbraten«. Dafür auf der weißen Version nach dem Backen dünne Roastbeefscheiben, eingelegte rote Zwiebeln und Schnittlauchröllchen verteilen.

Rahmeis mit dreierlei Soßen – Schoko, Karamell und Eierlikör

Zutaten

Für das Eis

80 g Eigelb
120 g Zucker
200 g Sahne
300 ml Milch

Für die Karamellsoße

300 g Zucker
200 g Sahne

Für die Schokoladensoße

50 brauner Zucker
200 g Sahne
100 ml Milch
½TL Salz
200 g dunkle Kuvertüre

Für den Eierlikör

8 Eigelb
200 g Zucker
150 g Sahne
100 ml Milch
200 ml Korn
50 ml weißer Rum
Mark von 1 Vanillestange
2 EL Zucker

Zubereitung

Für das Eis das Eigelb mit 60 g Zucker auf dem Wasserbad auf 60 °C aufschlagen. Parallel dazu die Sahne mit der Milch und dem restlichen Zucker in einen Topf geben und einmal aufkochen lassen. Anschließend diese Mischung unter ständigem Rühren nach und nach in die Eimasse geben und alles zur Rose abziehen. Die Masse abkühlen lassen und in einer Eismaschine gefrieren.

Für die Karamellsoße den Zucker karamellisieren, mit der Sahne ablöschen und unter Rühren aufkochen, biss sich der Karamell vorständig gelöst hat. Anschließend und unter ständigem Rühren etwas abkühlen lassen.

Für die Schokoladensoße den braunen Zucker karamellisieren. Die Sahne mit der Milch und dem Salz aufkochen und über den Karamell geben, aufkochen und glattrühren. Die Kuvertüre nach und nach unterrühren.

Für den Eierlikör alle Zutaten in eine Küchenmaschine mit Kochfunktion geben und bei 70 °C etwa 8 Minuten rühren. Dann unter ständigem Rühren erkalten lassen. .

Das Eis in Dessertschalen geben, die Soßen separat dazu reichen. Die Karamell- und die Schokoladensoße warm servieren.

Mein Tipp:
Zu diesem Eis passt (fast) alles: Obst, Waffeln, Kompott ...

Auszeit in den Weinbergen des Remstals

AARON SCHWEGLER UND MARCEL IDLER

Ich bin jeden Tag glücklich, in dieser wunderschönen Region zu leben, und jeden Tag glücklich, dass ich genau das mit meiner Frau Anna genießen kann.

Wir beide teilen nicht nur die Leidenschaft zur Gastronomie, sondern auch zum Wein. Anna natürlich als unglaubliche Fachfrau, als Sommelière mit feinem Gespür, die auf den schönsten Weingütern unterwegs war, als Österreicherin die hohen Berge gewohnt ist und nun ausgerechnet in einem Landstrich ihr Zuhause gefunden hat, der nicht unbedingt für Weinanbau berühmt ist. Und doch hat sie, wie ich, die Schönheit des Remstals und die Qualität der Weine dieser Region entdeckt.

Die Nähe zu den dortigen Winzern ist eng und Anna pflegt sie intensiv. Besonders zum Weingut Albrecht Schwegler, zu Julia und Aaron Schwegler, die wir sehr schätzen und deren Weine auf wunderbare Weise unsere Heimat mit ihren Böden ins Glas bringen. Oder auch zu Marcel Idler, der seit 2012 auf seinem Weingut die Tradition seiner Familie fortführt und biozertifizierte Weine produziert.

Für uns sind die Weinberge im Remstal immer ein spannender Ausflug, zu zweit als Rückzug und Auszeit, oder mit unseren Kindern, die gern dort unterwegs sind. Wer solche Spaziergänge zwischen den Weinterrassen kennt, weiß, wie schön es ist und welchen Wert diese Momente haben. Die Hügel sind sanft und das Licht, vor allem im Herbst, ganz besonders schön. Gerade deshalb – und weil diese Natur- und Kulturlandschaft ein Sinnbild ist für Annas und meine Leidenschaft für Essen und guten Wein – kann sie in diesem Buch nicht fehlen.

Ein Schreiner mit Leidenschaft

ERWIN KRAFT

Erwin Kraft ist ein Phänomen und mit dem, was er macht, einfach einzigartig. Er ist nicht nur ein enger Freund unserer Familie, er teilt die gleiche Leidenschaft für unsere Region wie wir.

Seine ganz Energie gilt dem Holz, vor allem alten und historischen Baustoffen, die er wie kein anderer als Schreiner zu bearbeiten weiß. Seit 1999 ist er mit seiner Arbeit ein ganz wichtiger Teil unserer Zanger Dorfgemeinschaft. Sein Spezialgebiet sind traditionelle Umbauten und Modernisierungen, für die er einzigartige Holzstoffe, die er akribisch sammelt, verwendet. Sein Gefühl für die Schönheit und die Haptik dieser Materialien ist sein ganz großes Talent, neben seinem schreinerischen Können.

Unsere Chalets, unsere Bauwagen und auch das neue Backhaus sind sein Werk und auch im *Ursprung* hat er mit seinen wunderschönen Türen und Fenstern seine unverwechselbare Handschrift hinterlassen. Es ist jedes Mal ein spannender Prozess, wenn er unsere Ideen mit Leben füllt.

Ich erinnere mich immer wieder gern an den Umbau unserer Gaststube, in der er eine Wand mit Fassdauben gestaltete. Jede Daube hat er einzeln in Nachtarbeit geklebt, fein säuberlich und Schritt für Schritt mit ganzer Hingabe und Präzision. Seine Frau hat passend dazu ein Bild aus Korken kreiert. Wir haben beide den Blick fürs Schöne und es ist immer wieder eine große und kreative Freude, mit ihm an neuen Gestaltungsideen zu tüfteln.

Alles, was Erwin tut, tut er mit dieser Mischung aus leisem Stolz und tiefer Leidenschaft, die Ausdruck einer lang gewachsenen handwerklichen Identität unserer Region ist.

Opa Hermanns SCHINKENWURST
GÄNSELEBER AUFSTRICH
GÄNSE RILETTE
ROTE ZWIEBELN
GURKEN
FLEISCH #Brühe
FLEISCH #Brühe

Meine Vorratskammer- und Grundrezepte

KAPITEL 06

Dieses Kapitel beinhaltet das kleine Einmaleins der schwäbischen Küche, also alle Grundrezepte, die man unbedingt braucht. Für mich ist es immer wieder wichtig, mir Zeit zu nehmen, um Dinge selbst zu produzieren, Lebensmittel haltbar zu machen und einen Vorrat anzulegen. Das lässt sich ganz wunderbar an einem Einmachwochenende zelebrieren. So ist man gut versorgt und vor allem gut vorbereitet, wenn man mal schnell vespern möchte oder ein Essen mit schwäbischen »Antipasti« plant.

Beilage für 4-5 Personen

Schwäbische Spätzle

Zutaten

5 Eier
15 g Salz
500 g Weizendunst (Feingrieß)
1 EL Wasser

Zubereitung

Die Eier in eine Rührschüssel geben und mit dem Salz vermischen. Das Mehl und das Wasser nach und nach unterkneten. Den Teig so lange »schlagen«, bis er Blasen wirft. Dann etwa 10 Minuten ruhen lassen.

In einem weiten Topf Salzwasser aufsetzen und zum Kochen bringen. Den Teig in das siedende Wasser schaben oder mithilfe einer Spätzlepresse hineindrücken. Einmal aufkochen lassen und die Spätzle mit einer Schaumkelle herausheben.

Am besten die Spätzle direkt in eine Pfanne mit schäumender Butter geben, kurz durchschwenken und sofort mit etwas Bröselschmelze garniert servieren. Wenn man die Spätzle aufbewahren will, sollte man sie kalt abschrecken und mit etwas Rapsöl vermengen. Dann abgedeckt kühl stellen.

Mein Tipp:
Für richtig schöne gelbe Eierspätzle mixe ich die Eier und das Salz vor der Herstellung mit einem Stabmixer und stelle die Mischung 2–3 Stunden kühl. Das Salz aktiviert die »Eigelbfarbe«.

Spätzle machen braucht ganz viel Gefühl! Man muss es einfach oft machen, um das richtige Gespür für die Teigkonsistenz und das Schaben zu bekommen. Also viel Freude beim Training.

Beilage für 4-5 Personen

Bubenspitzle oder Schupfnudeln

Zutaten

Die klassische schwäbische Variante

500 g gekochte Kartoffeln vom Vortag
½ Zwiebel, abgezogen (ca. 60 g)
10 g Salz
1 Ei
300 g Mehl

Die etwas modernere Variante

500 g Kartoffeln, mehlig kochend
10 g Salz
1 Lorbeerblatt
2 Eigelb
120 g Mehl
40 g Hartweizengrieß
Salz
schwarzer Pfeffer, frisch gemahlen
Muskatnuss, gerieben

Zubereitung der klassischen Variante

Die Kartoffeln durch die mittlere und die Zwiebel durch die feine Scheibe des Fleischwolfs drehen. Die Masse mit dem Salz und dem Ei vermengen und das Mehl unterarbeiten.

Zubereitung der modernen Variante

Die Kartoffeln schälen, mit Wasser, dem Salz und dem Lorbeerblatt in einem Topf kalt aufsetzen. Zum Kochen bringen, die Hitze reduzieren und weichkochen. Abgießen und ausdampfen lassen.

Anschließend durch eine Kartoffelpresse drücken und mit dem Eigelb vermengen. Das Mehl und den Grieß langsam einkneten – der Kartoffelteig sollte dabei nicht zu sehr in Bewegung sein. Mit Salz, Pfeffer und Muskat abschmecken.

Dann geht es bei beiden Varianten gleich weiter: Den Teig auf eine mit Mehl bestäubte Arbeitsfläche geben und Schupfnudeln formen.

In ausreichend Salzwasser kochen, kalt abschrecken und vor dem Servieren in schäumender Butter goldbraun anbraten.

Für etwa 50 Maultaschen à 70 g

Schwäbische Maultaschen

Zutaten

Nudelteig (Rezept S. 116) - doppelte Menge

Füllung

200 g Karotten
200 g Lauch
200 g Zwiebeln
2 EL Öl
200 g Weißbrot
200 g Bauchspeck ohne Schwarte
1 kg Spinat, blanchiert
500 g Schweinefleisch, mager
500 g Schweinehals, gegart
50 g Petersilie
100 g Schnittlauch
50 g Liebstöckel
½ Knoblauchzehe
2 kg Brät, fein (beim Metzger vorbestellen)
2 g Salz
1 g schwarzer Pfeffer, frisch gemahlen
1 g Muskat, gerieben
2 g Majoran, getrocknet

Außerdem

Mehl und Eigelb zum Formen

Zubereitung

Den Nudelteig so zubereiten, wie auf Seite 116 beschrieben.

Für die Füllung die Karotten putzen und fein würfeln, in Salzwasser bissfest blanchieren. Lauch und Zwiebeln abziehen und zusammen fein würfeln. Das Öl in einer Pfanne erhitzen und die Lauch-Zwiebel-Würfel darin anschwitzen, leicht salzen. Das Weißbrot und den Speck grob würfeln.

Alle Zutaten bis auf das Brät nach und nach durch die mittlere Scheibe des Wolfs drehen. Das Brät und die Gewürze zufügen, die Masse gut verkneten und in einen Spritzbeutel füllen.

Nun den Nudelteig dünn in breite Bahnen ausrollen und auf eine mit Mehl bestäubte Fläche legen. Die Füllung auf jeweils eine Seite der Teigbahnen spritzen. Das andere Ende der Teigbahnen mit etwas Eigelb einpinseln, den Teig über die Füllung klappen und die Ränder leicht andrücken. Mit dem Stiel eines Kochlöffels die einzelnen Maultaschen abdrücken und mit einem Teigroller vollständig trennen. In leicht gesalzenem Wasser etwa 12 Minuten gar ziehen lassen.

Mein Tipp:
Wo soll ich bei den Maultaschen nur anfangen? Am liebsten mag ich Maultaschen mit Kartoffelsalat oder geröstet oder als Salat mit Vinaigrette. Ich oute mich hiermit als echter Maultaschen-Freak. Womit wohl auch die Frage meiner Henkersmahlzeit geklärt wäre.

Beilage für 4-5 Personen

Mein Kartoffelsalat

Zutaten

1 kg Kartoffeln, vorwiegend festkochend
1 Lorbeerblatt
2 Zwiebeln
300 ml Fleischbrühe (Rezept S. 227)
30 ml Essig
1 EL Senf, mittelscharf
12 g Salz
10 g Zucker
schwarzer Pfeffer, frisch gemahlen
50 ml Rapsöl

Zubereitung

Die Kartoffeln waschen, mit Wasser, Salz und dem Lorbeerblatt in einem Topf kalt aufsetzen. Zum Kochen bringen, die Hitze reduzieren und weichkochen. Abgießen und ausdampfen lassen. Danach pellen und noch warm in feine Scheiben schneiden.

In der Zwischenzeit die Zwiebeln schälen und fein würfeln. Die Brühe erhitzen, die Zwiebeln hineingeben und kurz aufkochen.

Den Essig mit dem Senf, dem Salz, dem Zucker und dem Pfeffer vermischen, langsam das Öl unterrühren.

Die warme Brühe über die Kartoffeln gießen und vorsichtig vermengen. Dann die Essigmischung zugeben und ebenfalls unterheben.

Es scheint viel zu viel Dressing zu sein, aber keine Sorge, der Salat muss ziehen! Einfach 10 Minuten stehen lassen, nochmals durchmengen und mit Salz und Pfeffer abschmecken.

Mein Tipp:
Wie bei allen Kartoffelzubereitungen ist die Sorte entscheidend. Lassen Sie sich vom Bauern Ihres Vertrauens beraten. Auch verhält sich die Kartoffel je nach Jahreszeit anders, da ist beim Verarbeiten Gefühl gefragt.

Für 4 große Gläser

Schwäbischer Kaviar und eingelegte Alblinsen

Zutaten

500 g Senfsaat
500 g Alblinsen
2 l Essig
2 l Wasser
2 kg Zucker
20 g Salz

Zubereitung

Die Herstellung ist bei beiden Produkten gleich.

Die Senfsaat bzw. die Linsen viermal nacheinander für etwa eine Minute in jeweils frischem Kochwasser blanchieren und kalt abschrecken. Die blanchierten Senfkörner und die Linsen separat in Einmachgläser füllen.

Für die Einmachflüssigkeit die restlichen Zutaten gemeinsam aufkochen. Heiß in die Einmachgläser füllen. Die Gläser gut verschließen und auf dem Kopf stehend abkühlen lassen.

Die restliche Einmachflüssigkeit kann einfach in ein Glas gefüllt und für weitere Lebensmittel zum Einlegen verwendet werden.

Für 4 große Gläser

Eingelegtes aus dem Garten

Zutaten

1 l Essig
1 l Wasser
1 kg Zucker
10 g Salz

Gemüse

Cocktailtomaten
Karotten
Kürbis
Radieschen
Rettich
Rote Bete
Spitzkohl
Zucchini
Zwiebel

Obst

Äpfel
Quitten
Zwetschgen
rote Zwiebel

Zubereitung

Eine einfache Methode, überschüssiges Gemüse haltbar zu machen, oder die Ernte aus dem eigenen Garten zu verarbeiten.

Das Gemüse waschen, gegebenenfalls klein schneiden und in saubere Einmachgläser füllen. Je nach Geschmack können auch passende Gewürze oder Kräuter mit in die Gläser gegeben werden. Oder man kann verschiedene Gemüse mischen, wie beispielsweise kleine Gurken, Perlzwiebeln und Minipaprika für Mixed Pickles.

Für die Einmachflüssigkeit alle Zutaten gemeinsam aufkochen. Heiß über das Obst oder Gemüse in die Einmachgläser füllen. Die Gläser gut verschließen und auf dem Kopf stehend abkühlen lassen.

Wenn möglich, im Dampf 30 Minuten bei 89 °C pasteurisieren.

Mein Tipp:
Für eine schöne Farbe bei rotem Gemüse oder Obst Rotweinessig verwenden.

Für 4–5 Gläser

Apfel-Griebenschmalz

Zutaten

1 kg Rückenspeck vom Schwein (beim Metzger vorbestellen)
50 g Zwiebel
50 g Apfel
300 g ausgelassenes Enten- oder Gänsefett
5 g Majoran
4 g Salz
1 Knoblauchzehe, gehackt
schwarzer Pfeffer, frisch gemahlen

Außerdem

1 Bund Schnittlauch

Zubereitung

Den Rückenspeck durch die mittlere Scheibe des Fleischwolfs drehen und in einen großen Topf geben. Kalt aufsetzen und langsam unter ständigem Rühren erhitzen, bis sich goldbraune Grieben bilden. Durch ein Sieb abgießen, das Schmalz abkühlen lassen.

Die Zwiebel abziehen, den Apfel vom Kernhaus befreien und beides würfeln.

Das Entenfett ebenfalls kalt aufsetzen, die Zwiebel- und Apfelwürfel dazugeben und langsam unter ständigem Rühren erhitzen, bis die Zwiebel- und Apfelwürfel goldbraun sind. Durch ein Sieb abgießen und abkühlen lassen.

Das kalte Schmalz und das Entenfett in eine Küchenmaschine geben und schaumig rühren. Die Grieben, die Zwiebel- und Apfelwürfel sowie die Gewürze einrühren und mit Salz und Pfeffer abschmecken. Die Masse anschließend in saubere Gläser füllen.

Zum Servieren den Schnittlauch in Röllchen scheiden und darüberstreuen.

Für 4-5 Gläser

Mein Geflügelleberaufstrich

Zutaten

1 kg Geflügelleber
500 ml Zwetschge im Portweinstil – Manufaktur Jörg Geiger
30 g Salz
250 ml Apfel im Portweinstil – Manufaktur Jörg Geiger
2 Stängel Thymian
400 g Zwiebeln
50 g Knoblauch
650 g Butter
schwarzer Pfeffer, frisch gemahlen

Zubereitung

Die Geflügelleber unter fließend kaltem Wasser abspülen und trocken tupfen. Die Hälfte des Zwetschgenports mit dem Salz verrühren und die Lebern einlegen. Abgedeckt kaltstellen und 24 Stunden ziehen lassen.

Aus dem restlichen Alkohol (Zwetschge und Apfel) und einem Thymianstängel einen Sirup einkochen. Den Thymian danach herausnehmen und entfernen.

Die Zwiebeln und den Knoblauch abziehen und fein hacken. Die Thymianblättchen vom zweiten Stängel abzupfen und fein hacken.

Die Hälfte der Butter in feine Würfel schneiden und kaltstellen. Die restliche Butter in einer Pfanne erhitzen und die fein gehackten Zutaten darin anschwitzen.

Die Leber aus dem Einlegefond nehmen und in die Pfanne geben. Unter Rühren mitbraten. Darauf achten, dass die Leber gut durchgebraten ist. Den Sirup hineinrühren. Dann die Mischung mit dem Stabmixer fein pürieren und die kalten Butterwürfel nach und nach untermixen. Die Masse anschließend in saubere Gläser füllen.

Mein Tipp:
Zur Haltbarmachung etwas Gänseschmalz schmelzen und auf die abgefüllte Masse gießen. Im Kühlschrank aufbewahren.

Für ca. 30 Dosen à 400 g

Opa Herrmanns Schinkenwurst – es gibt vielleicht andere, aber keine bessere!

Zutaten

Für das Grundbrät

1,25 kg Rindfleisch aus dem Hals
1,25 kg Schweineschulter mit Fettdeckel
1,5 kg Schweinebacken mit Fett
1 kg Schweinekeulen mit Fett
1,5 kg Kuttereis
1 Zwiebel
1 Knoblauchzehen
schwarzer Pfeffer, frisch gemahlen
Zucker
Salz
Oregano, gemahlen
Liebstöckel, gemahlen
Muskatnuss, frisch gerieben
5 kg mageres Schweinefleisch, grob gewolft

Zubereitung

Das Fleisch bis auf das magere Schweinefleisch mit der Zwiebel, dem Knoblauch, dem Kuttereis und allen Gewürzen zu einem homogenen Grundbrät kuttern. Das gewolfte Schweinefleisch gut unterheben und die fertige Masse in sterile Dosen abfüllen und verschließen.

Die Dosen bei 108 °C für 1 Stunde und 50 Minuten einkochen und anschließend langsam auskühlen lassen.

Mein Tipp:
Dose auf, Wurst raus, Senf dazu – fertig!

Für 1 Schinken

Krustenschinken

Zutaten

2 kg Schweineschulter mit Schwarte
4 l Wasser
500 g Honig
120 g Salz
10 g Pökelsalz
1 TL Wacholderbeeren
2 Lorbeerblätter
1 Knoblauchzehe
½ Bund Majoran

Zubereitung

Die Schweineschulter unter fließend kaltem Wasser abspülen und trockentupfen.

Wasser, Honig, Salz und Pökelsalz in einem großen Topf aufkochen, dann die restlichen Zutaten zufügen. Den Topf vom Herd nehmen und die Flüssigkeit abkühlen lassen. Dann das Fleisch einlegen, den Deckel auflegen und kühl stellen. 5–7 Tage beizen lassen.

Die Schweineschulter herausnehmen und trockentupfen. In einen Sous-Vide-Beutel geben, diesen verschweißen und bei 65 °C 24 Stunden garen.

Den Backofen auf 230 °C Umluft vorheizen.

Das Fleisch aus dem Beutel nehmen. Den ausgetretenen Saft auffangen und in einem kleinen Topf zu einer Glasur einkochen. Nach Wunsch eventuell noch 2 Esslöffel Honig zugeben.

Das Fleisch trockentupfen, die Schwarte mit einem scharfen Messer kreuzweise einritzen und mit der Glasur bepinseln. Den Schinken im vorgeheizten Ofen etwa 40 Minuten backen. Dabei die Schwarte immer wieder einpinseln, bis die Kruste goldbraun und knusprig ist.

Ergibt ca. 8 Liter

Fleischbrühe

Zutaten

5 kg Fleischknochen vom Rind, gesägt (beim Metzger vorbestellen)
1 Rindertafelspitz, pariert
2 EL Öl
10 l Wasser
20 g grobes Meersalz
je 3 Lorbeerblätter, Wacholderbeeren, Nelken, weiße Pfefferkörner
schwarzer Pfeffer, frisch gemahlen
Muskatnuss, gerieben
3 Zwiebeln
2 Karotten
1 Knollensellerie
1 Stange Lauch
je 1 Stängel Petersilie und Liebstöckel

Zubereitung

Den Backofen auf 170 °C Umluft vorheizen.

Die Fleischknochen auf einen Backofenrost legen. Mit einem Blech darunter im vorgeheizten Ofen etwa 35 Minuten rösten. Abkühlen lassen.

Das Fleisch unter fließend kaltem Wasser abspülen und trockentupfen. Das Öl in einer Pfanne erhitzen und den Tafelspitz darin scharf anbraten, beiseitestellen.

In einen großen Suppentopf das Wasser füllen. Die abgekühlten Knochen und das Meersalz hineingeben. Das Wasser einmal aufkochen lassen. Den dabei an der Oberfläche entstehenden Schaum abschöpfen. Alle Gewürze zugeben und leicht simmernd etwa 1 Stunde ziehen lassen.

Das Gemüse waschen und mit der Schale in etwa walnussgroße Stücke schneiden. Zusammen mit dem angebratenen Tafelspitz in die leise köchelnde Brühe einlegen. Das Ganze weitere 2 Stunden köcheln lassen, bis der Tafelspitz weich ist. Etwa 30 Minuten vor Ende der Garzeit die Kräuterstängel einlegen.

Den Tafelspitz herausheben. Die Brühe passieren und mit Salz, Pfeffer und Muskat abschmecken.

Mein Tipp:
Sollte die Brühe einmal nicht die gewünschte Farbe haben, einfach vor dem Passieren eine Handvoll gelbe Zwiebelschalen in das Sieb geben. Wirkt Wunder!

Den Tafelspitz kann man als Suppeneinlage im Gaisburger Marsch oder auch kalt mit einer Schnittlauchmarinade genießen.

Ergibt ca. 3 Liter

Grundsoße

Zutaten

4 kg Knochen
300 ml Öl
200 g Karotten
200 g Sellerie
600 g Zwiebeln
200 g Lauch (nur das Weiße)
2 EL Tomatenmark
Salz
1 TL Pfefferkörner, weiß
3 Lorbeerblätter
4 Nelken
4 Pimentkörner
1 TL Senfsaat
½ TL Korianderkörner
2 l Rotwein, trocken
12 l Grundfond (siehe Tipp)
2 EL Zucker
1 Stängel Thymian
2 Knoblauchzehen

Exkurs

In ganz vielen schwäbischen Rezepten spielt, wie sollte es auch anders sein, eine gute Soße mit die wichtigste Rolle – egal aus welchen Knochen. Hier zeige ich Ihnen, wie Sie mit ein paar Tricks eine hervorragende Soße kochen können.

Zubereitung

Die Knochen in einem großen Topf in dem Öl bei mittlerer Hitze unter gelegentlichem Rühren mindestens 30 Minuten rösten.

Das Gemüse putzen und fein würfeln. Die Gemüsewürfel nacheinander zu den Knochen geben. Zuerst die Zwiebelwürfel etwa 5 Minuten mitrösten, danach die Karotten- und die Selleriewürfel und zum Schluss die Lauchwürfel. Alles zusammen weitere 30 Minuten rösten. Danach das Tomatenmark zugeben und ebenfalls mitrösten. Dabei darauf achten, dass die Mischung nicht anbrennt.

Nun eine Prise Salz und die Gewürze zugeben, mit 500 ml Rotwein ablöschen und diesen verkochen lassen. Nochmals mit 500 ml Rotwein ablöschen und erneut komplett verkochen lassen.

Danach 1 Liter des Grundfonds aufgießen und einkochen lassen. Den Vorgang dreimal wiederholen, danach den restlichen Fond aufgießen, aufkochen lassen und bei mittlerer Hitze etwa 3 Stunden leise köcheln lassen. Den Schaum, der sich dabei an der Oberfläche bildet, mit einer Schaumkelle immer wieder abschöpfen.

Den Fond durch ein Sieb passieren und über Nacht kalt stellen. Am nächsten Tag das an der Oberfläche hart gewordene Fett entfernen, den Fond aufkochen und auf etwa 3 Liter reduzieren.

In einem separaten Topf den Zucker karamellisieren und mit 1 Liter Rotwein ablöschen. Das Ganze sirupartig einkochen lassen, den Fond hineingeben und aufkochen. Thymian und Knoblauch zugeben, etwa 30 Minuten ziehen lassen und die Soße anschließend durch ein Sieb passieren.

Mein Tipp

Die abpassierten Reste des Fonds nicht wegwerfen, sondern zurück in den Topf geben, mit 12 Liter Wasser auffüllen, aufkochen und etwa eine Stunde köcheln lassen. Durch ein Sieb passieren. Das ist der Grundfond für den nächsten Soßenansatz.

Ein fast heiliger Geist

BRENNER MAXIMILIAN BREZGER

Maxi Brezger ist ein richtiger Senkrechtstarter. Obwohl er hauptberuflich ganz woanders unterwegs ist, gehört seine ganze Energie – neben seiner Familie mit drei Kindern – seiner Brennerei. Alles begann mit der Streuobstwiese seiner Oma, auf der Maxi seine Kindheit verbracht und bei der Ernte geholfen hat. Als er sie erbte, reifte bei ihm die Idee, aus dem eigenen Obst Schnaps zu produzieren. Und weil er für dieses Vorhaben einen Brenner mit besonders viel Liebe und Zeit suchte, entschloss er sich 2018 kurzerhand, das Projekt selbst in die Hand zu nehmen.

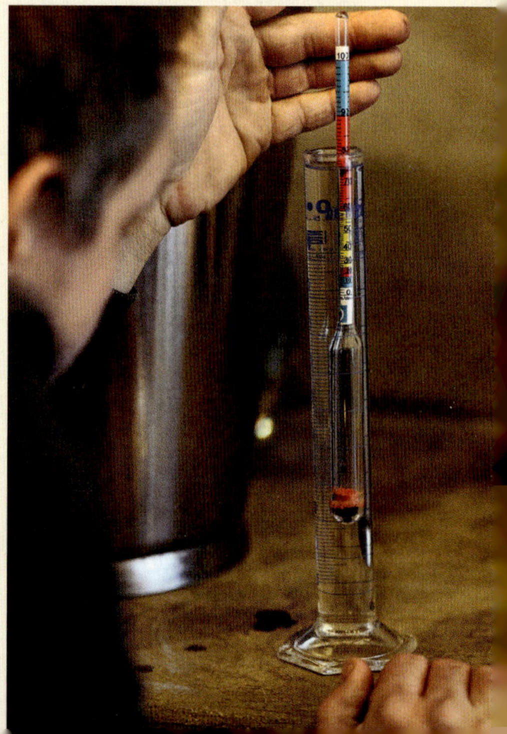

Ich bin sehr froh, dass meine Frau Anna seine Brände entdeckt und verkostet hat. Unter seinen rund 35 Sorten ist die Schweizer Wasserbirne sicher sein Signature. Aber auch sein Himbeer- oder Anis-Fenchel-Geist gehören zu den Besonderheiten seiner Brennerei. Die Power, mit der sich Maxi seiner Profession widmet, ist bemerkenswert. Während andere nach der Arbeit in den Feierabend starten, verschwindet er in der Brennerei und kreiert seine flüssigen Schätze.

Uns verbindet die gleiche Energie, wie natürlich auch die Liebe zur Natur und die Heimatverbundenheit, die sich bei ihm in der vorrangigen Verwendung heimischer Obstsorten widerspiegelt (wie z. B. die alte Apfelsorte 'Jakob Fischer'). Wir haben den gleichen Anspruch an Qualität, Herzblut und Authentizität und ich freue ich sehr auf unsere weiteren gemeinsamen Wege.

Unsere Produzenten

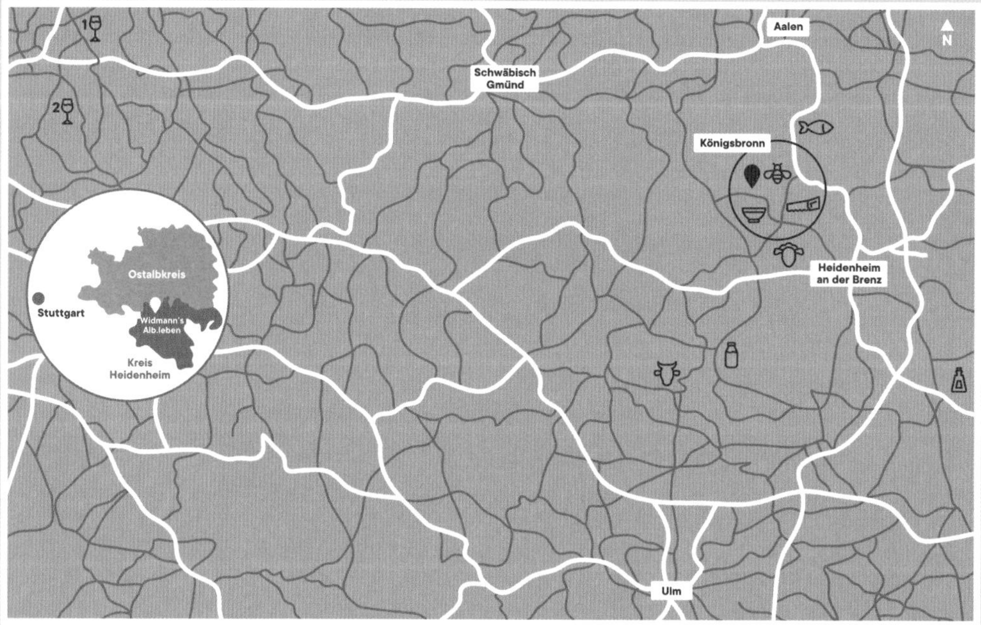

Bio-Imkerei Fähnle, Claus Uwe Fähnle
Rosensteinstraße 15, 89551 Königsbronn-Zang
Telefon +49-73 28-43 54
Telefon Hofladen +49-73 28-92 20 22
bio-imkerei-faehnle@t-online.de • www.bio-imkerei-faehnle.de

Biohof Dauner, Manuel Dauner
Sontbergen 8, 89547 Gerstetten
Telefon +49-73 23-92 03 12
hallo@biohof-dauner.de • www.biohof-dauner.de

Biotal Hofgemeinschaft, Familie Bosch
Talstraße 23, 89542 Eselsburg
Telefon +49-73 24-58 05
biotal@milchmobil.de • www.milchmobil.de

Destillerie Brezger, Max Brezger
Kirchstraße 6, 89568 Hermaringen
Telefon +49-176-30 34 30 14
info@destillerie-brezger.de • www.destillerie-brezger.de

Forellenzucht am Kocherursprung, Thomas & Sven Fischböck
Heidenheimerstr. 130, 73447 Oberkochen
Telefon +49-73 64-81 73
mail@fischboeck.de • www.fischboeck.de

Keramik & Mehr, Gabi Engling
Zangerhauptstraße 4, 89551 Königsbronn/Zang
Telefon +49-73 28-9221 43
keramik.mehr@gmx.de • www.keramik-mehr-zang.de

Schafhof Smietana, Johannes Smietana
Busentalhalde 1, 89555 Steinheim a. A.
Telefon +49-73 29-72 00
info@schafhof-steinheim.de • www.schafhof-steinheim.de

Schreinerei Kraft, Erwin Kraft
Königsbronner Straße 17, 89551 Königsbronn/Zang
Telefon +49-73 28-43 61
info@montagebau-kraft.de • www.montagebau-kraft.de

1 **Weingut Albrecht Schwegler, Aaron Schwegler**
Steinstraße 37, 71404 Korb
Telefon +49-71 51-3 04 01 37
weingut@albrecht-schwegler.de • www.albrecht-schwegler.de

2 **Weingut Idler, Marcel Idler**
Lehenweg 21, 71384 Weinstadt-Strümpfelbach
Telefon +49-71 51-9 94 76 99
info@weingut-idler.de • www.weingut-idler.de

Widmanns Alb.leben
www.widmanns-albleben.de

Dank

Zunächst einmal möchte ich mich bei Ihnen, liebe Leserin und lieber Leser, bedanken! Schön, dass die Alb nun bei Ihnen zu Hause steht.

Es gibt so viele Gründe, mich auf der Reise von der Idee bis hin zu diesem Buch zu bedanken. Also, wo fange ich jetzt an?

Zunächst natürlich bei Antonia Wien von The Chefs' Stories. Ich danke Dir für Deine Geduld, Dein Talent, meine vielen Worte in die richtigen Zeilen zu packen und diesen Worten dann auch noch einen Sinn zu geben. Und natürlich, dass Du rund um dieses Buch die Fäden zusammengehalten und es so möglich gemacht hast, dass dieses tolle Werk entstanden ist. Danke an Dich, Lars von The Chefs' Stories für die Projektinitiative und Deine Beratung.

VIVI! Liebe Vivi D'Angelo, ein wenig musst Du mir ja auch danken – Du weißt, warum. Aber ich Dir natürlich tausendmal mehr. Durch Deine Fotografie hast Du mich meine Heimat völlig neu entdecken lassen und meine Küche genauso dargestellt, wie ich sie mir immer gewünscht habe. Schön, dass auch Du im Verlauf der Produktion eine echte Alb.stylerin geworden bist. Du bist definitiv eine außergewöhnliche Fotografin.

Liebes Alb.stark-Team, Euch möchte ich ganz besonders danken! Für so viele Stunden der Vorbereitung, der Nachbereitung, den Chef in Ruhe lassen und sich ganz selbstverständlich um alles kümmern, bis endlich alles fertig war.

Dank an alle Protagonisten, alle Leidenschaftler, die sich in diesem Buch finden. Ihr seid es, die Ihr diese Region so besonders macht und die im Alltag immer wieder ein offenes Ohr für mich habt; und hoffentlich nicht nur diese Idee zu diesem Buch, sondern noch viele weitere, verrückte Ideen gemeinsam mit mir umsetzen werdet.

Natürlich auch ein Dankeschön an das ganze Team des Südwest Verlags – ich bin so dankbar, dass ich mit Euch diesen Traum eines eigenen Buchs umsetzen kann.

Jetzt wird es ganz zum Schluss noch richtig persönlich ... Meine Familie, meine Eltern und meine Schwester Lena, meine Großeltern – Euch für alles zu danken, was Ihr für mich schon getan habt, dafür bräuchte ich ein eigenes Buch. Daher ganz einfach aus tiefstem Herzen DANKE!

Und doch, Opa Herrmann, Dich darf und will ich herausheben. Ganz viel von diesem Buch ist für Dich und überhaupt nur da, weil Du mich immer in allem unterstützt hast!

Und last, but not least gibt es da meine Drei – Anna, Marie und Sophie. Ohne Euch wäre alles, was auf den letzten 234 Seiten steht, nicht möglich, und ich wäre nur halb so stark, wie ich es durch Euch sein kann. Von Herzen DANKE – und versprochen, Papa hat jetzt wieder mehr Zeit.

Da ich bestimmt jemanden vergessen habe – nochmal an alle DANKE.

Euer Andi

Vitae

ANDREAS WIDMANN

- 2007-2010: Ausbildung im Restaurant »Oettinger«, Fellbach
- 2011-2013: Chef de Partie im Restaurant »Atelier«, München
- 2013-2014: Chef de Partie, F&B Trainee im Restaurant »Werneckhof«, München
- 2014-2015: Junior Sous Chef im Restaurant »Cable Bay Winery«, Neuseeland
- Seit 2017: Küchenchef & Inhaber von Hotel-Restaurant »Widmanns Löwen«, Königsbronn-Zang
- Seit 2018 Küchenchef & Inhaber von Gourmet-Restaurant »Ursprung« und Hotelier von »Widmanns Alb.leben«
- Auszeichnungen: 1 Michelin-Stern, Grüner Michelin-Stern
- Mitglied der JRE Deutschland
- Mitglied der Meistervereinigung Gastronom Baden Württemberg

VIVI D'ANGELO

- Bachelor in Journalismus und neue Medien sowie Master in Technology-Enhanced Communication for Cultural Heritage, Università della Svizzera Italiana
- Seit 2011 freie Fotografin im Bereich Food, unter anderem für Food-Magazine (Der Feinschmecker, Effilee, Food&Farm) und diverse Kochbücher
- Preisträgerin des Food Feature Award im Rahmen des Foodphoto Festivals im dänischen Vejle
- 2020 Gewinnerin des dritten Platzes des renommierten Pink Lady Photography Award in der Kategorie »Food in Action«

ANTONIA WIEN

- Studium Historische und Systematische Musikwissenschaft und Literatur (M.A.)
- bis 2017 Verlegerin von »Hamburg Genießen von 7 bis 7«
- Seit 2005 freie Food-Journalistin und Kolumnistin
- Kochbuchautorin (u.a. Fuchsteufelswild; Viktoria Fuchs, Sylt – Das Kochbuch; Jan-Philipp Berner, King kocht; Johannes King)
- CEO & Partnerin von The Chefs' Stories GmbH

Meine Einkaufstipps

Es gibt gewisse Grundzutaten, die immer wieder in meinen Rezepten vorkommen. Hier ein paar Hinweise, was genau damit gemeint ist, und worauf Sie beim Einkauf achten sollten.

Mehl: Wenn nicht anders beschrieben, verwende ich Weizenmehl Typ 405.

Eier: In unserer Küche kommen ausschließlich Bio-Eier in Größe L zum Einsatz.

Salz: Für die meisten Rezepte verwende ich herkömmliches Jodsalz.

Butter: Beim Kochen und Backen verwende ich Süßrahmbutter von regionalen Molkereien.

Zucker: Wir versuchen weitestgehend darauf zu verzichten, aber für manche Klassiker braucht man ihn einfach. Dann verwenden wir normalen raffinierten Zucker. Gute Alternativen sind Honig, Zuckerrübensirup oder Amazake (aus fermentiertem Reis).

Öle: Hier kommt es ganz auf die Verwendung an. Zum Kochen und Braten benutze ich immer ein neutrales Raps- oder Sonnenblumenöl, das hoch erhitzbar ist. Gern verwende ich zum Braten und Frittieren auch ausgelassene tierische Fette – so verarbeiten wir alles vom Tier, ganz der nachhaltigen Einstellung »from nose to tail« verpflichtet.

Für Dressings und Marinaden kommen nur kaltgepresste Öl infrage. Sie verleihen den Gerichten viel mehr Geschmack und sind zudem gesünder. Mein Tipp: Stellen Sie eigene Kräuteröle her – das Rezept finden Sie auf Seite 78.

Register

Register

Impressum

1. Auflage © 2022 by Südwest Verlag, einem Unternehmen der Penguin Random House Verlagsgruppe GmbH, Neumarkter Straße 28, 81637 München

Die Verwertung der Texte und Bilder, auch auszugsweise, ist ohne Zustimmung des Verlags urheberrechtswidrig und strafbar. Dies gilt auch für Vervielfältigungen, Übersetzungen, Mikroverfilmung und für die Verarbeitung mit elektronischen Systemen.

Sollte diese Publikation Links auf Webseiten Dritter enthalten, so übernehmen wir für deren Inhalte keine Haftung, da wir uns diese nicht zu eigen machen, sondern lediglich auf deren Stand zum Zeitpunkt der Erstveröffentlichung verweisen.

Hinweis: Die Ratschläge/Informationen in diesem Buch sind von Autoren und Verlag sorgfältig erwogen und geprüft, dennoch kann eine Garantie nicht übernommen werden. Eine Haftung der Autoren beziehungsweise des Verlags und seiner Beauftragten für Personen-, Sach- und Vermögensschäden ist ausgeschlossen.

Projektleitung: Eva M. Salzgeber,
Dr. Harald Kämmerer

Projektidee und Initiative:
The Chefs' Stories GmbH, Hamburg

Projektkoordination und Textredaktion:
Antonia Wien, The Chefs' Stories GmbH, Hamburg

Korrektorat: Anna Christiane Gülicher-Loll, Köln

Umschlaggestaltung, Innenlayout, Satz:
OH, JA! (www.oh-ja.com)

Illustrationen: OH, JA! (www.oh-ja.com)

Bildnachweis: Rezept- und People-Fotos:
Vivi D'Angelo, Photography & Foodphotography –
Visual concepts for food & beverage
(www.vividangelo.com)

Herstellung: Elke Cramer

Reproduktion: Regg Media GmbH, München

Druck & Bindung: aprinta druck GmbH, Wemding

Printed in Germany

MIX
Papier aus verantwortungsvollen Quellen
FSC® C004592

Penguin Random House Verlagsgruppe
FSC® N001967

ISBN 978-3-517-10107-1

www.suedwest-verlag.de